读懂 吴越国

杭州市临安区社会科学界联合会 ◎ 编

浙江工商大学出版社 | 杭州
ZHEJIANG GONGSHANG UNIVERSITY PRESS

图书在版编目(CIP)数据

读懂吴越国 / 杭州市临安区社会科学界联合会编.
— 杭州：浙江工商大学出版社，2022.3(2023.4 重印)

ISBN 978-7-5178-4406-8

Ⅰ. ①读… Ⅱ. ①杭… Ⅲ. ①中国历史－吴越－通俗
读物 Ⅳ. ①K243.209

中国版本图书馆 CIP 数据核字(2021)第 057769 号

读懂吴越国
DU DONG WUYUEGUO
杭州市临安区社会科学界联合会 编

责任编辑	张晶晶
责任校对	韩新严
封面设计	沈 婷
责任印制	包建辉
出版发行	浙江工商大学出版社
	(杭州市教工路 198 号 邮政编码 310012)
	(E-mail:zjgsupress@163.com)
	(网址:http://www.zjgsupress.com)
	电话:0571－88904980,88831806(传真)
排 版	杭州朝曦图文设计有限公司
印 刷	杭州高腾印务有限公司
开 本	880mm×1230mm 1/16
印 张	15.5
字 数	157 千
版 印 次	2022 年 3 月第 1 版 2023 年 4 月第 2 次印刷
书 号	ISBN 978-7-5178-4406-8
定 价	68.00 元

编　委　会

前　言

　　长期以来,在党的领导下,我国史学界人才辈出、成果丰硕,为党和国家事业发展做出了积极贡献。习近平总书记有关"历史研究是一切社会科学的基础"的重要论断,更是成为史学界开展理论研究的重要依据和准绳。作为国家历史文化名城、中国七大古都之一,杭州有 8000 年文明史、5000 年建城史,在这漫长的历史长河中,积淀和传承了良渚文化、吴越国钱王文化、南宋文化、钱塘江文化、大运河文化等底蕴深厚的文化传统。其中,源于五代十国时期的吴越国钱王文化影响力历经千年经久不衰,在杭州城市发展中留下了独特印记。

　　存在于唐、宋两大王朝之间的五代吴越国,将两浙中心空间位置从过去钱塘江两岸的会稽古城,西迁至"水居江河之会,陆介两浙要冲"的杭州城,将钱塘江流域的越文化和太湖流域的吴文化进行"和合创新",是当时中华文明的重要组成部分。这个吴越国,建立者叫钱镠,这是历史上继春秋战国时期的越国之后,第二个以今天浙江省为中心的区域性政权。她与其他各个历史时期的杭州优秀历史文化一样,也是今天杭州城市的"根"与"魂",更是浙江"宋韵文化"的先声。

临安是五代十国吴越国创立者钱镠的故乡。钱镠，字具美（一作"巨美"），唐大中六年（852）二月十六（公历 3 月 10 日）生于临安县（今杭州市临安区）石镜乡钱坞垄，后唐长兴三年（932）三月廿六（公历 5 月 6 日）卒于吴越国西府（今杭州）。从唐光启三年（887）治杭起算，钱镠累计在位 46 年。

钱镠 16 岁外出贩卖私盐，这练就了他的胆识和体魄。17 岁后习武，21 岁弃商从戎，24 岁投家乡民团军指挥董昌麾下。因武艺高强，经过王郢之乱、曹师雄之乱等战事，钱镠逐步步入中高级军官之列。

唐广明元年（880），钱镠以 20 骑设伏智退 2000 人黄巢部对临安的进攻，由此声威大震。同年，黄巢军攻占长安，钱镠、董昌联合杭州各县力量组建"八都兵"，钱镠任都知兵马使，拥有军队指挥权。在团结各都力量同时，将钱元璙、马绰等宗室、部将安排军中历练，八都兵由此成为钱镠历次开疆拓土时最重要的力量凭借。

从唐中和二年（882）至光启二年（886），钱镠用 5 年击败占据浙东并图谋反叛的军阀刘汉宏，之后原杭州刺史董昌移师浙东任越州观察使，钱镠任杭州刺史。从此钱镠有了一块根据地，迈出了封邦建国道路的第一步。唐乾宁二年（895），董昌在向唐朝廷求封"越王"遭拒后，于越州称帝，国号"大越罗平"。次年，钱镠受唐朝廷诏命讨伐董昌有功，被授予镇海、镇东军节度使，至此基本控制两浙，吴越国雏形初具。乾宁四年（897），唐昭宗感念钱镠维护帝国统一功勋,特赐其"金书铁券"一具,准免钱镠本人九死、子孙三死。光化三年(900),唐昭宗命人对钱镠绘影图形,供于长安宫中为表彰历代功臣而建的凌烟阁,成为最后一批登阁的唐臣之一。

唐天复二年(902),钱镠被封为越王;天复四年(904),被封为吴王;后梁开平元年(907),被封为吴越王,吴越国至此事实上建立。在此前后,虽间或有武勇都之变、陈璋之乱等大小叛乱,但平叛战争皆以钱镠获胜结束,故不影响大局。后梁龙德三年(923),册封钱镠为吴越国王,钱镠成为虽无皇帝之名、却有皇帝之实的君主。后唐长兴三年(932),钱镠薨逝,享年81岁,是中国历史上仅有的5位活过80岁的长寿帝王之一。去世后葬安国县(即临安县,908年后梁下诏升临安为"安国")茅山之原,后唐赐谥号"武肃",吴越国为其上庙号"太祖"。

钱镠在位期间,曾制天宝(908—912)、宝大(924—925)、宝正(926—932)三个年号,但仅限于国内使用,外交文书皆不用。钱镠之后,吴越国又历文穆王钱元瓘(932—941年在位)、忠献王钱弘佐(941—947年在位)、忠逊王钱弘倧(947年在位,历时半年)和忠懿王钱弘俶(948—978年在位)四位君主。历任钱王谨遵钱镠"子孙善事中国,勿以易姓废事大之礼"祖训,对中原历朝极尽事大之礼,贡奉连绵不绝,不再另制年号,皆行中原年号。

后世对钱镠和吴越国评价较高。吴越国政治上实行"保境安民",这是由基本国情决定的。吴越国东濒大海,北、西面与南方最强大的割据势力吴国(公元937年后为南唐)接壤,因此处理和吴国（南唐）的关系，一直是吴越国制定对外政策的主要依据。一方面，它向走马灯似更迭的中原政权称臣纳贡，与其交好牵制强邻，另一方面又练就一支不想战但不怯战的军事力量。纵观吴越国历次对外战争，约有七成为反侵略作战，其余三成为"御敌于国门之外"的防御性进攻，其中公元918年的狼山江水战和947年的福州争夺战都成为军事史上以弱胜强的经典战役。面对国土面积两倍于己的吴国（南唐），吴越国与其战争依然取得胜多败少的佳绩，此可视为"保境"的基本含义。

至于"安民"，可以从民生为重，大力发展生产角度去理解。

首先，历代钱王高度重视水利工程建设。在农业社会，和农业活动最为密切、也最容易引发灾害的资源便是水。钱镠到杭前，钱塘江屡兴潮患，民众苦不堪言。后梁开平四年（910），钱镠征发民工，弃用版筑法而用"石囤木桩"法，历时两月筑起捍海石塘，至此潮患渐平，钱镠遂被百姓亲切地称为"海龙王"。不仅如此，他还置"都水营田司"为国家规划水利事业的专门机构，这在封建社会的政府机构建制中是少有的，又建水利工程部队"撩浅军"以疏浚西湖、太湖等内陆湖泊、河流。

其次，吴越国地狭人稠，劳动人民在钱王领导下进一步发展和创造了"圩田"这种新型水田耕种方式，巩固了粮食生产，提高了浙江地区在全国的经济地位。为了保证圩田产量丰收并免受洪水侵蚀，吴越国另组"营田军"专门负责圩田环境整治。

再次，吴越国大力发展织锦业和制瓷业以供商贸和补益国用。早在钱镠时期，吴越就将织锦业纳入官营范畴，杭州城中常年有专业织锦工数百人，这为吴越国动辄向中原进贡数万乃至数十万匹锦、绢、丝等织物提供可能，史称"奇器、精缣皆制于官，以充朝贡"。在继承晚唐越窑"秘色瓷"烧造经验基础上，吴越国专设"省瓷窑务"一职管理秘色瓷暨越窑瓷器生产，开启后世"官窑"制度先声。"九秋风露越窑开，夺得千峰翠色来。"越窑产品不仅供吴越国王室使用和北贡中原，也通过在山东等地设立的"博易务"等市易机构行销北方，更是借由宁波等地装船，由"海上丝绸之路"销往朝鲜、日本和西亚等地，成为对外贸易的主要商品。千方百计增收，为吴越国维持对中原的常年供奉提供了坚实的经济基础。

最后，农业、手工业的发展，必然带来文化事业的繁荣。五代十国时最著名的建筑专家喻皓是杭州人，在吴越国期间有多次承建梵天寺木塔等大型工程经验，入宋后主持建造开宝寺木塔，被欧阳修誉为"国朝以来木工一人而已"。文化发达的另一表象，是宗教活动兴盛。吴越国官方以礼佛为主，崇道为辅。尤其都城杭州有"东南佛国"之称，有据可查的寺院当时就有 200 多所，和西湖有关的灵隐寺、净慈寺，六和塔、保俶塔、雷峰塔以及西湖南山造像等诸多名胜古迹，莫不与佛教文化有关。佛教对于促进中外文化交流、加强人民友好往来亦有重要作用，五代十国因唐武宗"会昌灭佛"和百余年战乱，佛教典籍颇多散佚，北宋建隆元年（960），钱弘俶遣使携珍宝 50 种渡海向高丽虔心求取佛典，次年高丽王派僧携籍回访,使天台宗得以中兴,演绎一段中国和朝鲜半岛国家交流史的佳话。

北宋太平兴国三年(978),钱弘俶第二次入汴京觐见宋帝时,感到宋廷已不允许吴越国继续存在,加之《武肃王遗训》中"如遇真主,宜速归附"的祖诫等因素影响,当年五月,便慨然将1军、13州、86县、550680户人口、115036员兵献于北宋,由此为中国和平统一的历史写下浓重一笔。五代时期国祚最久的钱氏吴越国终结,有国72年。后人评价这段历史时,盛赞钱弘俶"完国归朝,不杀一人,则其功德大矣"。

从现有史料看,吴越国在社会治理、民生改善方面,积累了相对丰富的经验,这也是今天杭州暨临安地方优秀传统文化的重要组成部分。和同时期南北各国统治者相比,吴越国历代钱王"民本"思想是比较突出的:钱镠之后,钱元瓘当年就"赦境内今年租税之半";钱元瓘之后,钱弘佐上任伊始便"命境内给复(即免租赋)一年";到钱弘俶即位后,更是下令"募民能垦荒田者,勿收其税",等等。

综上所述,一千年来,吴越钱王的历史文化早已通过各种方式浸润到今天的杭州和全省人民的血脉中,并深刻影响了长三角地区的历史发展走向。

所以,吴越国72年的历史和文化,不仅是学术课题,实际上也是当今各级党委政府践行以人民为中心发展思想的历史镜鉴,是具有重大现实意义的时代课题。如果对吴越国的历史缺少真实、立体、全面的认识，那我们对临安区暨杭州主城区、乃至浙江全省的历史认识就是不全面的。无论从搭建临安63万人民的"集体记忆"需要看，还是从杭州建设世界名城这一目标看，抑或从推动全省"宋韵文化"的建设来看，我们都必须重视解读吴越国的历史，加强吴越国和以钱镠为代表的历代钱氏国王的相关理论研究。

临安区高度重视地方历史文化的研究传承。特别是2017年成立区社会科学界联合会以来，更是将传承、挖掘、弘扬吴越国钱王文化视为己任。这本《读懂吴越国》，大体以时间为序、以事件为链，以宣讲的形式，避开以往同类作品对历史事实平铺直叙的处理方式，主要有以下几个特点：一是文风通俗。以平实、活泼，甚至略带风趣的口吻叙述吴越国、吴越钱氏后裔的重要史实，可以说是"一文一事""一事一史""一史一理"；二是类型多样。涉及经济、管理、人文等多方面内容，尽可能全方位、立体化、多层次地展现吴越国钱王文化精髓、钱镠和历代钱王的人格魅力和管理艺术；三是结合现实，在尊重史料和证据逻辑的基础上，让每一篇文章都能读出点滴"历史照进现实"的学问。

岁月无痕，前行有声。时代沧桑变幻，但千百年来，钱王故事、钱王遗产生生不息：钱氏家训，钱王传说；清明恭祭钱王，上田十八般武艺；临安水龙，横街辇辇龙深受群众喜爱，杭城西湖边保俶雷峰双塔、世界遗产西湖和捍海石塘，更是诉说着吴越国时期的绮丽过往……所以，吴越国钱王文化的探索挖掘没有止境。希望能以此书问世为契机，推动区内外吴越国钱王文化研究再上新的台阶。

杭州市临安区社会科学界联合会
2022 年 3 月

目　录

第一篇

三世·五王

　　读史先读人。说起吴越国，首先要科普的就是"三世五王"。

　　"三世五王"是研究吴越国钱王文化时的一个常用词汇。吴越国共历五主，享国72年。武肃王钱镠为第一世，其第七子文穆王钱元瓘为第二世，钱元瓘第六子忠献王钱弘佐、第七子忠逊王钱弘倧、第九子忠懿王钱弘俶为第三世，这就是后来常说的"三世五王"。

◎第一讲　钱镠:贩盐·衣锦还乡·吴越国王

钱镠,五代十国时吴越国的建立者,公元 907—932 年在位。字具美(一作"巨美"),杭州临安县(今杭州市临安区)人。少年时勇敢而有力量,好侠义,以解仇报怨为能事。唐咸通八年(867),16 岁时外出,到杭州、越州(今浙江绍兴)、宣州(今安徽宣城)等地贩卖私盐,至咸通十三年(872)结束。这段贩卖私盐的经历,在很大程度上锻炼了钱镠的体魄和胆识。

一、早期活动

唐乾符年间(874—879),钱镠为同乡董昌的部将。钱镠武艺高强,又富有军事指挥才能,经平定王郢之乱、朱直孙端之乱、曹师雄之乱等大小战事后,其军事才能开始逐步受到重视,被提拔为偏将、副指挥使、兵马使等职,逐步从一个下级军官成长为中高级军官。

唐广明元年(880),钱镠以伏击和虚张声势等战术,以少敌多打退黄巢起义军一部。由于此役名义上是董昌、钱镠两人合作进行的,又因钱镠让功董昌,所以,战后董昌因功任杭州刺史,钱镠为杭州管内都指挥使。与此同时或稍前,杭州八县在原有为自保建立的乡民武装基础上,统一组建"八都兵",这支武装名义上以临安县石镜都董昌、钱镠为首。但因董昌不谙军事,所以钱镠拥有事实上的军队指挥权,八都兵成为其建立嫡系武装的开始。

当时,刘汉宏(?—886)任义胜军节度使据越州(今浙江绍兴),并有称帝野心,攻取邻郡。润州(今江苏镇江)的内牙将领薛朗(?—888)赶走节度使周宝(814—887),自称留后。因黄巢攻占长安而避祸四川的唐僖宗慌忙命董昌出兵讨伐,董昌将这一任务交给钱镠。于是,钱镠奉命率八都兵进攻越州,杀刘汉宏;又攻占润州,生擒薛朗,剖其心祭周宝。叛乱平定后,董昌被唐朝廷任命为越州观察使,同时上表推荐钱镠代替自己任杭州刺史。

二、从坐镇杭州到平定两浙

安史之乱后,唐朝中央对地方的控制力大大减弱,地方之间混战不断。从唐光启三年(887)至景福元年(892),来自北方蔡州(州治在今河南汝南县)的军阀孙儒和淮南土著势力杨行密之间混战不断,并祸及钱镠,钱镠率军与两方力战(和杨行密有短暂联合),虽有败绩,但亦使孙儒无力侵犯两浙地区,其威名日益为唐朝廷所重视。到景福二年(893),唐朝廷授钱镠镇海军节度使一职,同时把镇海军的治所从润州迁往杭州,又在越州建立威胜军,以董昌为节度使。

唐乾宁二年(895),董昌在越州称帝,国号"大越罗平",年号

"天册",伪授钱镠为两浙都将。钱镠不接受董昌命令,劝他"与其闭门作天子,不如开门为节度",同时将情况上报唐朝廷,唐昭宗遂命钱镠讨伐董昌。钱镠起初感念提携之恩,对灭董昌犹豫不决,但董昌却联合淮南杨行密攻苏州、杭州,钱镠腹背受敌。这一军事冒险迫使钱镠率八都兵反击,强攻越州。董昌兵败,被杀(一说在被押解途中投江自杀)。乾宁三年(896),钱镠因功被唐朝廷授予镇海、镇东军节度使,加检校太尉兼中书令。次年又赐钱镠金书铁券,授其"卿恕九死,子孙三死"的特权。

淮南军阀,同时也是后来杨氏吴国的建立者杨行密和钱镠的关系时而友好,时而敌对,以敌对为主。对淮南(包括吴国、南唐)的关系成为钱镠和后来的吴越国历代国君制定对外政策的主要依据。杨行密攻占原本为钱镠所有的镇海军节度使治所润州和常州后,试图进一步吞并两浙,但多次败于钱镠。而钱镠也始终未能收复为杨行密所夺的润州、常州。所以,在钱镠的时代,"两军十三州"是指镇海军下辖的润州、常州、苏州、湖州、睦州(今杭州建德、桐庐、淳安)、杭州 6 州和镇东军的越州、明州(今浙江宁波)、台州、温州、婺州(今浙江金华)、衢州、处州(今浙江丽水)7 州。其中,润州、常州并不实际领有,故此时的"十三州"为法理意义上的虚指和遥领,吴越国实际占有 11 州。

唐天复二年(902),钱镠亲兵"武勇都"统帅徐绾、许再思在钱镠的统治中心杭州发动叛乱,是为"武勇都之变"。这是一场由钱镠精锐部队"武勇都"发动的叛乱。徐绾、许再思两人均为 10 年前从蔡州军阀孙儒处投降钱镠的降将。

叛乱得到宣州（今安徽宣城）军阀田頵的支持，并引发一连串的连锁反应，钱镠方面承受的军事压力一度非常大，几令钱镠决定移镇越州。最后，钱镠依靠八都兵的力量，以及马绰、成及等一批忠于己的将领和钱元璙等诸公子的支持，并将钱元璙婚配给田頵之女，将钱元璙婚配给杨行密之女（实际上就是做人质），才弭平动乱。

三、扩建杭城与为民治水

钱镠担任杭州刺史后，于唐大顺元年（890）、景福二年（893）和后梁开平四年（910）先后三次扩建杭州城以巩固城防，分别筑夹城、罗城和子城，使杭州的地位逐步超越苏州、越州，成为"地有湖山美，东南第一州"的城市。

又于后梁开平四年（910），动用大量人力、财力，建成长 33 万余丈（据推算，相当于今天的 1000 千米，但显然捍海塘没这么长，文献记载有夸大，现已发现杭州捍海塘遗址实物）的捍海塘，制服海潮，有效保障了沿岸人民群众的生命财产安全。同时，又建"撩浅军"疏浚西湖，大造灵隐寺、净慈寺等佛寺，为杭州日后成为两浙地区政治经济中心，超越中原地区一些大城市继而跻身"七大古都"之列奠定了物质基础。

钱镠治水，最有名的故事，莫过于"钱王射潮"。

古代浙江地区的海潮灾害，在钱塘江流域尤为严重。为减轻潮害,保护沿线百姓安全,历朝历代多有修建捍海塘之议,但只有到钱镠当政时,方才真正有精力和物质力量付诸实践。后梁开平四年(910),两浙地区局势基本稳定,钱镠在国内确立了绝对统治地位,杭州城扩建亦暂告一段落后,即在当年八月着手奏请后梁朝廷要求修建捍海塘,史称"钱氏捍海塘"。但修筑之初并不顺利,用了传统的"板筑法"却失败了。据记载:

> 初定其基,而江涛昼夜冲激,沙岸板筑不能就。王命强弩五百,以射涛头,又亲筑胥山祠,仍为诗一章,函钥置于海门。其略曰:"为报龙神并水府,钱塘借取筑钱城。"既而潮头遂趋西陵。王乃命运巨石,盛以竹笼,植巨材捍之,城基始定。其重濠累堑,通衢广陌,亦由是而成焉。
>
> (《吴越备史·卷一》)

这里所谓胥山祠,指当时杭州百姓供奉"潮神"伍子胥的场所。相传在春秋吴越争霸时期,吴国忠臣伍子胥不满吴王夫差对自己的猜忌和迫害,死后化作"潮神"肆虐于钱塘江。当然,《吴越备史》的作者钱俨作为封建士大夫,在文中所说的"强弩五百,以射涛头"之后就"潮头遂趋西陵"的说法自然不足信,但钱镠此举也并非完全的迷信活动,而是反映了其对治理海潮的决心,体现了其人与自然和谐的愿景,强烈的仪式感对筑塘大军有鼓舞士气的作用,从根本上讲,这有利于维系钱镠的统治。射潮后,捍海塘建成,钱镠在民间遂有"海龙王"之名。

四、当政吴越后的主要活动

从一介布衣成为吴越之主的钱镠认为,"富贵而不归故乡,犹如衣锦夜行"。所以,他在故里临安(公元 908 年以后改称"安国县")兴建房舍,又造功臣塔、功臣寺,蔚为壮观。据史料记载,钱镠大规模"衣锦还乡"有五次,以天复元年(901)和后梁开平四年(910)两次规模最为浩大,并作有《巡衣锦军制还乡歌》存世。之前钱镠之父钱宽在世时,每当获知钱镠回临安,都避而不见。钱镠不解,就请教原因。钱宽回答:"吾家世田渔为事,未尝有贵达如此,而今为十三州主,三面受敌,与人争利,恐祸及吾家,所以不忍见汝。"父亲的担心,更加坚定了钱镠在"国际"事务上的"事大"政策,即与中原王朝交好,全力确保自身安全。

基于他本人制定的"善事中原,保境安民"的国策,在前往中原的陆路被吴国截断的情况下,他从海道载贡赋进献中原,因此得到后梁、后唐朝廷的长久善待。这一政策为钱镠身后四位吴越国君一以贯之,直至公元 978 年吴越国终结。

在唐昭宗时期,钱镠累官太师、中书令,食邑两万户。后梁建立后,封钱镠为尚父、吴越国王。梁末帝时,又加各道兵马元帅。后唐同光年间(923—926),钱镠任天下兵马都元帅、尚父、守尚书令,封吴越国王,赐玉册、金印。到李存勖在洛阳建立后唐时,钱镠请求封己为国王。玉册、诏书下达时,后唐朝廷有关部门一度认为："玉简金字,唯至尊一人,钱镠人臣,不可。又本朝以来,除四夷远藩,羁縻册拜,或有国王之号,而九州之内亦无此事。"但李存勖最终还是同意了钱镠求赐吴越国王之请。

值得注意的是,钱镠晚年时,心态有所变化。根据有关史料记载,当时钱镠及吴越国官方都将其住所称为"宫殿",王府称为"朝廷",幕僚称"大臣",且在吴越国境内有天宝(908—912)、宝大(924—925)、宝正(926—932)三个年号,折射出其随着年龄的增长,"好大喜功"的心态日益增长的事实。综合各种史料,吴越国曾给新罗(今朝鲜)、渤海(故址位于今中国东北到朝鲜半岛北部、俄罗斯远东地区一带)等国行册封之事,俨然以中国的代表者自居;又和日本展开"书信外交",两国经济人文来往频繁。

钱镠对待文人士大夫的态度,是后世讨论最多的领域之一。早年,钱镠性格刚烈,曾有儒士面见钱镠时态度略显傲慢,钱镠就将其投入江中,当上司问起,钱镠诡称:"客已拂衣去矣。"待钱镠本人为一方之主时,有人献诗"一江春水槛前流",钱镠又认为"槛前流"就是"砍钱镠",是讥讽自己,便将献诗之人杀害。

但总体上,钱镠以礼贤下士、求贤若渴闻名天下。江东名士罗隐投靠钱镠后,仍然喜好讥讽,并以此为责任。有官员强迫杭州西湖渔民定期给吴越王宫交份子鱼,还美其名曰"使宅鱼"。罗隐得知此事后主动为民请命,说即便是钓无饵之鱼的姜子牙再世,也是"若教生在西湖上,也是须供使宅鱼",但钱镠并不生气,并下令废除"使宅鱼"制。

公元 928 年以后,钱镠(77 岁)身体状况日渐恶化。至后唐长兴三年(932)三月二十八日(据考证,应为当年的公历 5 月 6 日),钱镠去世,享年 81 岁。后唐朝廷颁布的吊唁诰令中云:"故天下兵马都元帅、尚父、吴越国王钱镠,累朝元老,当代勋贤,位已极于人臣,名素高于简册,赠典既无其官爵,易名宜示其优崇,宜令所司定谥,以王礼葬,仍赐神道碑。"谥号"武肃"。

解 读

钱镠起于布衣,坚决维护当时唐王朝中央政府权威和国家统一,为朝廷击破各路反叛势力,最终平定两浙。唐朝灭亡后,为保一方苍生,建立吴越国,亲定"善事中原,保境安民"为国策,维护两浙地区长期基本稳定。三次扩建杭城,逐步把杭州这个在隋唐时期原本地处浙西边缘的三等小州,建设成为两浙地区的中心城市、"东南第一州",功莫大焉。钱镠本人礼贤下士、善于用人,"警枕""粉盘""使宅鱼"等典故流芳千古,成为美谈。又大力发展生产,积极开辟海外交流,为浙江地区经济发展做出重要贡献。其 36 岁任杭州刺史,45 岁任镇海、镇东军节度使,56 岁受封吴越王,72 岁受封吴越国王,创业经历堪称传奇,这对于研究中国古代国家治理经验极具参考价值。其临终前训示子孙的诫语,经历朝吴越钱氏后裔整理,成为《钱氏家训》,为后来吴越钱氏成为"两浙第一世家"打下坚实基础。

◎第二讲 钱元瓘:依靠战功登上王位

钱元瓘,五代十国时吴越国国君,公元932—941年在位。字明宝,钱镠第七子。从小聪慧机警,善于抚慰部下。初任盐铁发运巡官(负责盐、茶、矿产专卖和征税,晚唐以后常由朝中重臣担任,同时有一定虚衔意味,用以赏赐地方实力派),授尚书金部郎中,赐金鱼袋、紫衣(唐宋时期体现官员身份等级的信物)。

一、起步:敌国为质

唐天复二年(902)"武勇都之变"时,徐绾、许再思勾结宣州军阀田頵,在强大的军事压力下,钱镠利用田頵与其名义上的上司杨行密之间的矛盾,以第六子钱元璙娶杨行密之女的条件(实为人质),促使杨行密向田頵施压,同时应田頵要求,再选一子做人质——娶田頵之女为妻。当钱镠问诸子:"谁能为吾为田氏之婿者?"诸子都不愿意去,钱镠起初选中第九子钱元球,被拒。钱镠大怒,一度要杀钱元球。

时年16岁的钱元瓘主动表示愿意前往,从而博得钱镠的信任。不久,田頵集团为杨行密所灭,钱元瓘才得以回到杭州。从此,钱元瓘深得钱镠赏识。

二、军功:助力继位

唐天祐(904—907)初年,钱镠累封检校尚书左仆射、内牙将指挥使等要职,数年内屡有攻城略地。钱元瓘跟随父亲征战,屡立战功,由此扩大、巩固了吴越国的版图,同时更巩固了他在军中的地位。后梁贞明四年(918),钱镠大举进攻吴国,命钱元瓘为水战诸军都指挥使。战船抵达东洲(今属江苏常州),吴国水军迎战,钱元瓘用火筏顺风扬灰掀起烟尘和抛洒豆粒等战术大败吴军,俘虏吴国将领70余人,斩首千余级,缴获战船400艘,是为军事史上著名的"狼山江水战"。钱元瓘因功被后梁朝廷敕封为镇海军节度副使、检校司徒,不久升任清海军节度使、检校太傅、同平章事。

后唐同光(923—926)初年,加检校太师兼中书令,镇东等军节度、观察、处置等使。"安重诲事件"①发生后,钱元瓘又多次上疏后唐朝廷,请求恢复钱镠的天下兵马都元帅、尚父、守尚书令、吴越国王等名号,终获成功。

在钱元瓘任内,为加强吴越国内部国王的中央集权,发生了"钱元球、钱元珦案"。

钱元球为钱镠第九子,钱元珦为钱镠第十二子。两人皆处事高调,故走得较近。钱镠去世后,钱元球留居国城杭州,又增设兵

---

① 关于"安重诲事件",详情见本书第二章第七讲。

仗护卫千人,对钱元瓘的统治日益构成威胁。最终,有官员向钱元瓘告发:钱元球派亲信祈祷神灵让他做吴越王,而且用"蜡丸"(简易水上坐具)从城市水洞流进流出,与同在杭州、被钱元瓘废为庶人并幽禁的钱元珦密谋废立。后晋天福二年(937)三月初五,钱元瓘派人召钱元球入宫,钱元球到后,宫人得到钱元瓘授意,指称钱元球有刀挂于其衣袖中,钱元球因此当场被杀。同日,钱元珦亦被杀。

钱镠晚年,想确立继承人,召集儿子们各自论述功劳,诸子都一致推举钱元瓘,理由是钱元瓘战功赫赫,钱镠允之,因为钱元瓘也正是钱镠心目中的储君人选。临终时,他又召集将领们说:"余病不起,儿皆愚懦,恐不能为尔帅,与尔辈诀矣,帅当自择。"将领们哭泣着说:"大令公(指钱元瓘)有军功,多贤行仁孝,已领两镇,王何苦言及此!"这一幕,被后世史家认为是钱镠在学刘备托孤诸葛亮,从侧面稳固钱元瓘储君之位。①

三、晚年:意外去世

后唐清泰元年(934),后唐朝廷封钱元瓘为吴王,后相继加封越王、吴越国王、天下兵马都元帅等职。后晋天福六年(941)七月十六日,吴越王宫内一处叫"丽春院"的宫室失火,延及国家中央机构所在的内城,钱元瓘受此惊吓患上疯病,迁居于原为孝献世子钱

---

① 关于这起事件,详情见本书第四章第三讲。

弘傅营建的世子府瑶台院——钱弘傅一年前已夭折，年仅 14 岁。或因悲伤惊吓过度，当年八月，钱元瓘去世，享年 55 岁，谥号"文穆"。遗命传位第六子钱弘佐。

钱元瓘在军中多年，决事果断，富有军事才能，深得部将士卒信任。他善于作诗，原有诗千余篇，择其中较好者 300 篇编成《锦楼集》10 卷，当时广为两浙士人吟诵。今《全唐诗续补遗》收有两首钱元瓘诗作，名为《送别十七哥》和《题得铜香炉（并序）》。

解 读

钱元瓘在军中多年，军事才能卓著，战功赫赫，深得部将士卒信任，继位吴越国王实至名归。其制造"钱元球、钱元珦案"，本质上是维护王权之举，在当时的历史背景下有其客观必然性。钱元瓘较好地执行了钱镠的"善事中原，保境安民"国策，是吴越国"三世五王"中承前启后的关键一环。

◎第三讲 钱弘佐：王室喋血的关键人物

钱弘佐，五代十国时吴越国国君，公元 941—947 年在位。字玄祐（一作"元祐"），钱元瓘第六子。性淳厚，擅长书法。能作五、七言诗，凡遇雪月佳景，必定同臣下、后妃一同玩赏，因此深得官员士大夫阶层信任。钱元瓘去世后，钱弘佐即位。

后晋天福六年（941），后晋朝廷授钱弘佐镇国大将军、右金吾卫上将军、镇海军节度使、镇东军节度使等职，敕封吴越国王，进检校太师兼中书令，食邑 1 万户，实封 1000 户。次年，赐保邦宣化忠正翊戴功臣，加食邑 7000 户。天福八年（943），赐钱弘佐吴越国王玉册，这是一项从后梁时创立的赐封历代吴越国君的定制。

后晋开运三年（946）至次年，钱弘佐把握南唐灭闽国但善后不当的千载良机，两度派军进入名义上臣服南唐、实则独立的福州，终击败围攻福州的南唐军队得以占有福州，吴越国由此突破北、西、南三面被南唐包围的困局，极大强化了国家的地缘政治优势，这是吴越国 86 年历史中唯一一次主动扩大版图。钱弘佐能抓住历史机遇精准用兵，足见他的睿智果断！

后汉王朝建立后，又是钱弘佐第一个向后汉进贡，因而被授予诸道兵马都元帅。

钱弘佐年少继位,起初被国中部分高级将领所轻视,他们欲在钱氏宗室中另择年长者登位。所以,一些在钱镠、钱元瓘铁腕压制下的矛盾逐渐暴露出来。为维护王权,钱弘佐两次兴起政治大狱,史称"戴恽之狱"。

第一次,发生在后晋天福六年(941)。钱元瓘突然去世,吴越国内牙指挥使戴恽谋求拥立时任弓马诸军都指挥使,即统领王室亲兵的钱元瓘养子(本姓孙)钱弘侑为王。忠于王室、和戴恽同样握有内牙军实权的章德安得报后,秘不发丧,以钱元瓘名义召戴恽入王府,埋伏甲士将其扑杀,并废钱弘侑为庶人,恢复其原姓,幽禁于明州。

第二次,发生在后晋开运二年(945)。阚璠也是内牙军的一名主要将领,戴恽被杀后,他成为内牙军的实际指挥者之一。其生卒年不详,据记载,为明州(今浙江宁波)人,史称:

吴越王弘佐初立,上统军使阚(璠)强戾,排斥异己,弘佐不能制。(《资治通鉴·第二百八十三卷》)

钱弘佐正值春秋鼎盛,当然不甘心成为傀儡。所以,他通过拉拢另一名内牙军中资历甚高的将领胡进思,让他佯装和阚璠一同外调以收阚璠兵权。而实际上,两人外调性质有别,阚璠为真,胡进思为假,这只不过是钱弘佐为达到目的所唱的一出双簧。因此,到当年年底,钱弘佐立即就以谋求在越州立从兄——钱元瓘养子钱仁俊为王的罪名杀阚璠,4年前被囚的钱弘侑亦被杀。

虽然在统治集团内部掀起政治清洗,但钱弘佐在位的7年中,吴越国繁盛富庶,他和祖父钱镠、父亲钱元瓘都能被中原朝廷封为元帅,一时为天下所称道。钱弘佐恪守"保境安民"的祖训,从海路向中原进贡财货数量以百万计,因此后晋、后汉朝廷在南方诸国中最宠幸吴越国。后汉天福十二年(947),钱弘佐去世,年仅20岁,谥号"忠献"。因其子钱昱时年5岁,无法处理政务,根据钱镠时代便事实上立下的"乱世立贤不立长,治世立长不立贤"(钱元瓘及以下4位国君均非嫡长子出身)的储君遴选原则,王位由其弟钱弘倧继承。但他对胞弟钱弘倧个性不甚了解,为后来王室喋血埋下了祸根。

解 读

钱弘佐14岁继位、20岁去世,属英年早逝。他纵然年轻,但极富政治谋略和战略眼光:驰援福州,并终将其收入囊中,吴越国把触角延伸到福州,大大增强了国家地缘政治优势。自此之后,吴越国的国家安全形势大为改观。钱弘佐是吴越国不至于中道夭亡的关键人物!但他两兴大狱,诛杀了不听命于己的将领,虽然为自己的亲政铺平了道路,但亦造成内牙军另一名高级将领胡进思尾大不掉之势,过早去世又为身后钱弘倧的被废埋下了祸根,最终导致"胡进思之变"的发生,王室喋血,国家动荡。

◎第四讲　钱弘倧：被权臣所废的悲情之君

钱弘倧，五代十国时吴越国国君，公元947年在位，为期约半年。字隆道，钱元瓘第七子。聪明机警，但又严格刚毅，遇事冲动急躁。

钱弘佐在位时，约束将领较为宽松，钱弘倧担心这样容易生出事端。所以，他一嗣位，就对以内牙军统帅胡进思为代表的平时骄横不法、越权擅政的老资格将领严加管束，且多有羞辱之词，但又未能拿出切实有效的根治办法。

钱弘倧曾密召水丘昭券（钱镠生母水丘氏的族人）和内衙指挥使何承训商议驱逐胡进思。水丘昭券进言，胡进思势力盘根错节，应姑且容忍，日后再找机会清除之。由于钱弘倧本人犹豫不决，何承训又怕事败后株连到己，遂将此事秘密泄于胡进思。结果引起胡进思的高度警觉，胡便和其他军将密谋废黜钱弘倧。

后汉天福十二年（947）十二月三十日，趁钱弘倧在王宫中夜宴之机，胡进思着戎装率内牙亲兵300甲兵入宫，发动政变，对钱弘倧左右人等（包括水丘昭券）大肆屠杀，钱弘倧本人亦被软禁。之后，胡进思迎钱弘倧之异母弟钱弘俶于私第，将其策立为王。被废后,钱弘倧先后被迁往安国(今杭州市临安区)、越州,钱弘俶对其极为礼遇,赏赐不断,并派重兵全力保护其安全,故其得以善终,去世后谥号"忠逊"。著有《越中吟》20卷。

解 读

钱弘倧有治国之志,但性格过于严苛,高估了自己的力量,低估了老资格大臣的势力。其政治智慧不如兄长钱弘佐,亦不如弟弟钱弘俶。在位半年就被废,可谓事出有因。

◎第五讲 钱弘俶：纳土归宋·保民齐家

钱弘俶，五代十国时吴越国国君，公元948—978年在位。字文德，钱元瓘第九子。后晋天福四年（939），钱弘俶被授内牙诸军指挥使、检校司空。钱弘佐时累授特进检校太尉。

一、火线即位：稳定局势

后晋开运年间（944—946），钱弘佐出任台州刺史，钱弘倧即位后，任同参相府事。当时，吴越国天台县高僧德韶劝钱弘俶尽早回杭州，他从其言赶往杭州。抵达杭未几，遂有胡进思之变，钱弘倧被废。胡进思火速召集军队将领迎立钱弘俶嗣位，钱弘俶谦让再三，将士们说："太尉（指钱弘俶，因其曾被封为检校太尉）素有德望。"跪拜称贺。钱弘俶便任镇海、镇东军节度使，检校太尉兼侍中，于后汉乾祐元年（948）正月正式即位。

乾祐二年（949），后汉朝廷敕封钱弘俶为匡圣广运同德保定功臣，东南面兵马都元帅，镇海、镇东等军节度使，浙江东西等道管内观察处置使兼两浙盐铁制置发运营田等使，开府仪同三司，检校太师兼中书令，杭州越州大都督，上柱国，吴越国王，食邑1万户，实封 1000 户。后周广顺年间(951—953),后周朝廷封钱弘俶为诸道兵马都元帅、天下兵马都元帅,加食邑 3000 户,实封 800 户,改授推诚保德安邦致理忠正功臣。后周显德三年(956),钱弘俶奉后周诏命出兵策应攻南唐。

但也就是此时,杭州发生大火,烧至内城,钱弘俶为此避居城外数日。吴越国府库积蓄损失殆尽,国家财政一度极为困难,但即便如此,他还是秉承祖、父遗训,对后周恪尽臣礼,按例巨额贡奉。后周褒奖其恭顺,封钱弘俶为崇仁昭德宣忠保庆扶天翊亮功臣。

二、策应北宋:合灭南唐

北宋建隆元年(960),赵匡胤代周称帝,改国号为宋,是为宋太祖。宋太祖授钱弘俶天下兵马大元帅等官职,加食邑 1000 户,实封 500 户。乾德年间(963—968),改封其为承家保国宣德守道忠贞恭顺功臣,加食邑 2000 户,实封 800 户。

北宋开宝七年(974),钱弘俶应北宋诏配合出兵伐南唐,攻常州。南唐在北宋、吴越两军夹击下,于次年灭亡。宿敌南唐终于灭亡,但吴越国也因此没有了和北宋之间的缓冲屏障,国家的终结只是时间问题。开宝九年(976)、太平兴国二年(977),钱弘俶两次入汴京(今河南开封)朝觐北宋皇帝,进献大量财货宝物。宋太宗即位后,封钱弘俶尚书令兼中书令、天下兵马大元帅。

三、纳土归宋:和平统一

太平兴国三年(978)五月,钱弘俶感念当时天下大势和祖父钱镠"如遇真主,宜速归附"的训示,在被宋太宗事实上扣留的情况下,纳土归宋,与北宋实现和平统一。他本人受封淮海国王,食邑1万户,实封1000户,仍充天下兵马大元帅、守太师、尚书令兼中书令,被授宁淮镇海崇文耀武宣德守道中正功臣,赐剑履上殿。同时北宋朝廷还颁赐《誓书》:

> 誓书到日,率土之滨,皆不问罪犯轻重,各出图圄。钱氏之家,恐系远房,或高曾祖至曾玄孙以下,议杖刃伤遇死,一至七人者放,七人以上者奏;无居址者,遇所属州军县邑僧寺道观,令自措躬安歇;无官者可以荫资,有官者重跻极品。妄议谤言,奉持减剥,并不如命。钱氏到日,如朕亲行。今给此书,永为照据,与国同休。(《宋史·卷四百八十》)

世子钱惟濬为节度使兼侍中,其余各子亦授节度使、团练使、刺史等官,原吴越国官吏入宋继续为官者达2500余人。宋端拱元年(988)八月二十三日,钱弘俶举办六十大寿宴会,次日凌晨突然去世。谥号"忠懿"。著有诗集《正本集》(又作《政本集》)10卷,《全唐诗》收有其一首《宫中作》。

解 读

钱弘俶在五代十国末期险恶的政治环境下,还能维持其国30年之久,可见其政治智慧和手腕。主动纳土归宋,有迫于形势的成分,但更是遵从祖训、顺应时势的明智之举。纳土归宋保全了吴越钱氏族人,让两浙地区免受战火荼毒,影响了之后1000年长江三角洲地区的历史走向,在一定程度上奠定了"上有天堂,下有苏杭"的基础,为中国和平统一的历史写下浓重一笔。钱弘俶的历史功绩,应被后世所铭记。

第 二 篇

史海·掌故

　　只有静下心来翻一翻历史书中的细节，才有可能真正读懂吴越国。

　　吴越国"善事中原，保境安民"国策的制定及成功实施，是由一个个片段组成的。它之所以能成为五代十国时期国祚最长的一个割据政权，秘密就是三个字：民为贵。经济社会有序发展、人民生活安居乐业、海上贸易如火如荼，国家才能稳步前行。

◎第一讲　五代十国:为何频现"人亡政息"

五代十国时期,是中学历史教科书相对忽略,却又被杭州人所重视的一段历史。以往经常把"五代十国"简称为"五代",并把起止时间定为907—960年,即夹在唐、宋两大辉煌王朝中间,这实际上是不确切的。因为把这段历史放在显微镜下审视,就能发现"五代十国"实际上分成"五代"和"十国"两部分,而且两者不是包含和被包含的关系。五代即前后相继占据黄河流域的后梁、后唐、后晋、后汉、后周这五个藩镇型朝廷,法理上发端于公元907年唐朝灭亡,结束于960年北宋建立;十国是同期占据其他区域(主要是长江以南)的实力最强的十个国家的统称,它们是吴、南唐、吴越、闽、北汉、前蜀、后蜀、荆南、楚、南汉,起始时间和北方的"五代"相同(部分政权略早),但结束时间历史学界常以北宋太平兴国四年(979)北汉灭亡为标志。在此前一年,钱弘俶纳土归宋。综上所述,"五代十国"的准确历史区间应是907—979年。但不管怎么说,这段时间相对于中国历史来讲,只不过是沧海一粟,又因其乱局,让五代十国几乎不值一提。代表正统立场的北宋官方史家就认为:"五代,乱世也,其事无法而不合于理者多矣,皆不足道也。"

　　五代十国最典型的政治特征,便是"人亡政息"。具体表现是各国国运都不长,最短的后汉于公元947年建国,951年灭亡,历时5年;稍长的有后梁(17年)、南唐(39年)、南汉(55年)等。这其中,撑过60年大限的只有钱镠创建的吴越(86年)。所以从这个意义上说,吴越国之所以被后世江浙地区人们津津乐道,不单是这个国家奠定了后世长三角发展的重要基础,还因为吴越国在同期各国中享国最久,国家政局也最为稳定。但是,有一个问题值得我们注意:政通人和的吴越国,为什么也只维持了几十年?换而言之,为什么这个时期没有一个国家能够成长为能比肩汉唐宋明的大一统王朝?难道这些开国君主没有一个能力在秦皇汉武、唐宗宋祖之上吗?

　　以钱镠为例,他16岁离家贩盐,21岁弃商从戎,通过"日夜领兵,七十来战"稳扎稳打,36岁成为杭州刺史,45岁任镇海、镇东军节度使,成为两浙十三州的主人。51岁受封越王,53岁被封吴王,56岁被封吴越王,72岁被封吴越国王。钱镠用近50年的时间,完成了一名职业军人到吴越国王的转变,其经历可谓传奇。有理由试想,若把要么身边有张良、韩信等一批旷世奇才鼎力辅佐的刘邦,要么自身就是"官二代"的曹操、李渊、赵匡胤等历史"大人物"摆到钱镠所处的位子上,也不见得能取得比钱镠更大的成就。

　　以吴越钱氏后裔和钱王故里临安人的视角出发,于情于理,自然是把钱镠当作五代十国时期风云人物的标杆。那么,和钱镠同时代的其他历史人物是不是军事才能、治国能力就一定逊于钱镠呢？

研究历史，一定要善于运用比较的方法，不然就显得不够实事求是。

地处中原的"五代"相对于南方"十国"而言，有着压倒性的政治、军事优势，虽然没有能力统一全国，但惩罚的拳头还是硬的，因此南方的吴越、楚、荆南等不少国家都奉中原为正朔，行中原朝廷年号，并定时进贡财货，这一做法被后世称为"事大"政策，将其运用得最圆熟的，就是吴越国钱镠及其继任者们。钱镠之所以愿意不断交好中原政权，首先是由吴越的国力决定的，绝非没有一统天下之志。钱镠让当时的著名云游诗僧贯休将"一剑霜寒十四州"改为"一剑霜寒四十州"方同意接见，就是其政治抱负的明证。吴越国"纳土归宋"，钱弘俶之所以能做出这一决定，有家训、家风影响，但亦是受形势所迫，毕竟吴越的国力远不能和新兴的大宋相比。

看似强大的中原朝廷，"人亡政息""其兴也勃焉，其亡也忽焉"的朝代周期律体现得最为明显。

据统计，"五代"各国平均寿命仅 11.4 年，"十国"略好，平均立国 41.8 年。但即便是那些走马灯似的更换的"五代"统治者，他们的事迹同样可圈可点。"五代"最后一个朝代——后周的第二代皇帝世宗柴荣，看到当时不缴纳赋税、不服兵役的众多佛门子弟对国家财政和安全保障不利，毅然发动灭佛运动，用佛寺铜材铸成"周元通宝"以补国用。又对外积极开疆拓土，夺后蜀的秦、凤、成、阶四州，割南唐位于长江以北的十四州，还收复了后晋时期被"儿皇帝"石敬瑭割让给契丹的"幽云十六州"部分土地,巩固了长城以南的农耕民族聚居区整体安全,堪称践行"大安全观"的先行者,为后来北宋的统一奠定了基础。戎马倥偬之际,柴荣还对身边人说:"应内外文武臣僚,今后或有所见所闻,并许上章论谏。若朕躬之有阙失,得以尽言;时政之有瑕疵,勿宜有隐。"鼓励臣僚给他提意见,就凭这段话,就可认定周世宗是不亚于唐太宗的一代明主。

还记得高中语文课文《伶官传序》的主人公李存勖吗?这位喜欢听戏的皇帝在战场上同样英勇无比。他攻打后梁时,攻势之猛,就连连杀唐朝两位皇帝、见惯了大场面的朱温都不禁大呼:"生子当如李亚子(指李存勖),克用为不亡矣!至如吾儿,豚犬耳!"李存勖于39岁灭后梁,建立后唐王朝。可见,五代十国不少历史人物都有着极为出色的个人才能。假如立国后的施政手法得当,钱氏的吴越国能否存续到北宋建国18年以后方才终结——而且还是以和平的方式,也未可知。

外因是变化的条件,内因是变化的根据,外因通过内因而起作用。既然这些统治者并不是不努力,更不是能力不足,那要深究他们的政权短命的原因,就不得不从外因上去找。至于这些影响国运的外部因素是什么,就得好好翻一翻历史书,从故纸堆里去寻找答案。

五代十国和春秋战国、三国两晋南北朝并称为中国历史上三大分裂时代。但是这三个时期的具体表象又有所不同,如果非要用一个关键词形容,那么春秋战国是"礼崩乐坏",魏晋南北朝是

"族际冲突",而五代十国则是"武人干政"。"节度使"是五代十国时期最炙手可热的一个政治词汇,包括身为镇海、镇东军节度使的钱镠在内,这个时代绝大多数国家的第一任统治者都出身节度使。节度使虽然早在唐睿宗统治后期(710—712)便已设立,但到了唐末,节度使的轮替往往以父死子继或兄终弟及的方式进行,朝廷无法驾驭。而且节度使(包括观察使)是统辖数州军、民政的最高长官,手中握有财权和辖区刺史及以下官吏的任命权。这样一来,没有了财政权和人事权的朝廷,倒台就只是时间问题。这个现象自安史之乱始就一直存在,不到特定时间和特定人物(如赵匡胤、赵匡义兄弟)出现,任何人都无法扭转。

"五代"的第一个朝代后梁的建立者朱温就是用这种方法推翻李唐王朝的,但是他的后梁帝国内部同样面临这个问题。朱温于乾化二年(912)死于其次子朱友珪之手,旋即朱友珪又被宫中禁军所杀。前文提到的后晋王朝建立者石敬瑭,原是后唐明宗李嗣源的部将,后周的建立者郭威原本是后汉将领。吴越国情况较好,君主基本能控制国内政局,并向中原进贡,说明钱袋子在;钱元璙、钱元瓘、钱元瑛等钱氏王族子弟都有外放任职经历,说明用人权在。但即便如此,吴越国还是曾于唐天复二年(902)爆发"徐再思、许绾之乱"等有军队牵涉其中的严重内乱,说明五代时期"武人干政"为患之烈。

五代十国"人亡政息"产生的根源,是整个社会对原有价值观的无视和行为准则的失范,丧失了起码的公平和正义。科举制经过隋唐300年发展,到唐末已日臻完善,读书人要想走仕途,一般来说就必须通过科举。不仅如此,武则天还创立了"武举",这就使得普通士兵要想成为军官也有了可能。古语云:"宰相必起于州部,猛将必发于卒伍。"说的就是要想成功,就必须老老实实地从基层干起。但是唐末、五代之际却普遍信奉用时短、见效快的"有枪便是草头王"的丛林法则,唐朝后期乃至后来五代十国的诸多统治者,或者因政局动荡,或者因蔑视文人价值而停罢科举考试数次,五代十国因此成为典型的"破旧不立新"的文化黑暗期。原有的价值观既已缺位,那官员选拔只能由着当权者性子来。事实上,有不少节度使仅仅靠认"义子"或政治联姻的方式来笼络部下:后唐第二代皇帝李嗣源是第一代皇帝李存勖之父李克用的干儿子,和李存勖并无血缘之亲;后晋末代皇帝石重贵也是石敬瑭的养子。

没有一套行之有效、能被绝大多数人认可的价值观和行为准则,其后果远比想象的严重。五代十国为何频现"人亡政息"?客观环境使然,身处其中的人想上位只能靠比谁的心更阴险毒辣、谁的后台更硬、谁更能玩转"宫心计"等为和平时期所不齿的方式决出胜负,所以最终胜出的,往往是一些奸佞小人。钱镠能在这种"染缸"环境中逆势崛起,实属时代奇迹和百姓之幸。不仅如此,吴越国的王位交接基本以和平方式进行,并以《武肃王八训》《武肃王遗训》和《钱氏家训》试图重建价值观,其间还有钱镠第六子钱元璙和第七子钱元瓘谦让王位的佳话,因此王国能保持较长时间的和平稳定就不难解释了。

解　读

　　吴越国的历史证明，一个国家要想兴旺发达、繁荣昌盛，离不开崇高的价值追求。钱镠绝非完人，但他和同时代其他统治者相比，最大的优点是"仁"，即有一颗仁德之心。统治者如果不能施政以仁，便不能获得人们心悦诚服的拥戴。建立一套正确的价值观体系并将其落细、落小、落实，是成就事业的前提和基础。

◎第二讲　制造经济增长点:吴越国富甲天下的背后

　　钱镠是武将出身,但是他却没有同时代军阀重武轻文、好斗攻伐的习气。相反,他在吴越立国之初便定下了"善事中原,保境安民"的国策,尽量避免不必要的杀戮和流血。

　　比如,钱镠临终前,告诫子孙:"汝等莫爱财无厌征收,毋图安乐逸豫,毋恃势力而作威,毋得罪于群臣百姓。"这段话被收录在存世的《武肃王遗训》中,意思是:不要横征暴敛,不要贪图享乐,不要作威作福,不要鱼肉百姓。虽然《武肃王遗训》或经历代钱氏后人整理,但结合钱镠身后四位钱王的施政实际来看,钱镠生前表达过这一层意思,当为事实。

　　和旨在教化家族内部子女的《钱氏家训》不同,《武肃王遗训》不仅给吴越国继任国王划下了掌权执政的底线,也给吴越国的经济方针定下了基调。通俗来讲就是三个字:民为贵。主政者施政以百姓利益为考量——尽管不可能做到事事如此,但在 1000 年前,这是难能可贵的治国理念。当时尽管没有"在法律规定的范围内活动"概念,但有权不能任性,必须考虑百姓的实际利益和承受能力,已经是吴越国高层的共识。

在"民为贵"思想的指引下,吴越国经济呈现繁荣景象。虽然目前没有能证明吴越国财政收入的直接史料,但能维持每年对中原朝廷的供奉(其中公元958年这一年,吴越国向后周朝廷进贡达6次之多),并维持一支11万人的军队,这也从侧面印证了吴越国雄厚的经济实力。其实,"善事中原"作为一种当时弱小国家"花小钱买平安"的策略,马楚、闽国、南汉等同时代各国也先后采用过。但之所以没有坚持下去,除这些国家政局动荡、无法保证政策延续性以外,国家财力无法支撑也是重要因素。

吴越国百姓的生活水平也要好于其他各国。看看《表忠观记》中的华丽词句:其民至于老死不识兵革,四时嬉游歌鼓之声相闻……吴越国也发生过内部动乱,有亲兵部队的"武勇都之乱",有叛乱大臣的"陈璋之乱""陈询之乱",甚至还有因徭役过重导致的"没了期"骚动,但就是没有因为底层百姓吃不上饭导致的农民起义。

五代十国毕竟是乱世,那么这样一片人间乐土是怎么来的呢?我们不能把吴越国的成绩过分拔高,封建社会的经济基础还是广大农民。而且吴越国的人口密度很高,根据杜文玉先生所著《五代十国经济史》的统计,在五代晚期,吴越国人口为255万余人,平均每平方千米达18.65人,而同期的后周仅有483万余人,平均每平方千米仅有4.64人,仅为吴越国的1/4。这些农民上交的皇粮国税,撑起了吴越国的一方社稷。

但是,吴越国和同时期其他国家相比,在经济发展方面有两大亮点:一是发展海外贸易,增加政府收入;二是广泛修筑圩田,提高粮食产量。

在大部分的时间里，吴越国北、西、南三面都是被南唐包围的，和各国陆上交通均被隔断，因此这个国家就成为事实上的岛国。也正是因为这种"不得已"，吴越国的对外贸易转向了东亚的日本、新罗、大食等海外国家。吴越国先后在登州（今山东蓬莱）等北方沿海商贸重镇设立贸易机构"博易务"，以中转、兜售吴越国方物特产。明州港（今浙江宁波）也正是在这一时期，后又经过两宋时期的进一步发展，成长为国际重要港口城市、"海上丝绸之路"的重要节点。

吴越国的货物主要是越窑青瓷（秘色瓷）、杭锦、海产品、手工艺品、茶叶等。这些货物源源不断地通过海路输往海外各国及契丹、渤海等今天位于我国版图内的各个国家，换回金银、铁器、香料等高价值货物，因此这类贸易从经济角度而言，对吴越国来说是很划算的。不仅如此，吴越国为了争取中原王朝的支持，还把一部分税收所得以"朝贡"形式反馈给中原王朝，因此吴越国的海外贸易在北方地区一直畅行无阻，获利颇丰。

吴越国作为一个封建国家，国家财政收入的主要来源还是农业，但有了大规模的海外贸易，日子自然要比眼睛只盯着一亩三分地的朝代、国家好过多了。

说到农业，吴越国也有一项创举。这就引出了吴越国经济发展的第二条秘诀：广泛修筑圩田，提高粮食产量。

圩田，又称"围田"，是指在滨海、滨湖等低注盐碱地带围堤筑坝,在圩坝围合的区域内种植粮食作物的一种生产模式。这是我国古代劳动人民在长期的生产实践中,摸索出来的向海要田、向湖要田的造田方法。圩田的基本营造方法是:在浅水沼泽地带或河湖淤滩上围堤筑坝,把田围在中间,把水挡在堤外。围内开沟渠,设涵闸,排、灌结合。

圩田早在南北朝时期就已出现,但江浙地区大规模应用,还是在吴越国时期。因为,修造圩田就是古代版的"填海造地",代价不菲,在吴越国之前的唐代及更早,只有有相当实力的富户才有可能实施这一工程。而吴越国东面濒临大海,且有杭州湾喇叭口,低洼盐碱地区多,而这一地区恰恰是人口稠密地带。因此,到了吴越国时期,就由官方在杭州、苏州、秀州、明州等沿海地区大规模修筑圩田。其中,地势较低、排水不良、土质黏重的低沙圩田,种植高产水稻;地势较高、排水良好、土质疏松、不宜保持水层的高沙圩田,种棉花、玉米等旱地作物,尽可能做到"尽地力之教"。

圩田的广泛运用,对吴越国粮食安全贡献是巨大的。《资治通鉴》中有一段关于吴越国粮食储备丰盈的形象记载:

民有献嘉禾者,钱弘佐问仓吏:"今蓄积几何?"对曰:"十年。"(《资治通鉴·第二百八十二卷》)

意思是,国家储备着够吃 10 年的粮食。当时,黄河流域的政权如走马灯般变换,吴越国南方的邻国、由王审知建立的闽国因内乱不止为南唐所灭，四川地区的前蜀被后唐所灭。吴越国就像一方世外桃源，成为天下士民心向往之的一片乐土。

　　国家粮食安全有保障，粮价就不会高。粮价不高，社会就稳定，老百姓还可以把钱用在购买其他消费类物品上。吴越国大力发展海上贸易，财政收入自然要比单一的农业国家丰厚。同时，吴越国对商人相对厚待，《十国春秋》《吴越备史》中均记载了一个叫"蒋承勋"的商人，受钱弘佐、钱弘俶之命出使日本的故事，他代为递交国书和礼物，这就是吴越国商人地位高的明证。商人是国家经济活动的重要分子，商人地位高，代表着国家经济活动活跃、商品流通丰富。如此，吴越国能够富甲天下，也就不难理解了。

解　读

　　从今天的角度看，与传统的"重农抑商"农业国家相比，吴越国统治者能想到创新发展海外贸易，推广"圩田"技术潜心发展农业生产，难能可贵。为政者心中装着百姓，是解决一切问题困难的法宝。民生改善是古往今来国家稳定的根基。

◎第三讲 善事中原：一本明晰的经济账

吴越国之所以能成为五代时期国祚最久的一个，离不开"善事中原，保境安民"的国策，并且该国策能被钱镠的儿孙们一以贯之地执行，保证了政策的连续性。"善事中原"又是和"不动兵戈、供奉中原"结合在一起的。因此，吴越国的对外政策，尤其是"善事中原"这一条，一直给人一种"花钱买平安"的印象。

但实际上，吴越国并非"不能打"。从历史上看，吴越国的对外战役不在少数，且不乏经典战役：钱镠以 20 骑伏击黄巢 2000 人成功，乘敌之隙、出奇制胜，显示了他的胆略；钱元瓘利用风向、大火进行的狼山江水战，颇有赤壁大战遗风，发展了古代水面作战的战术和理论。即便是钱镠本人，在《武肃王八训》中也说："吾七岁修文，十七习武……日夜领兵，七十来战，固守安国、余杭、於潜等县。"因此，不想战却不怯战，这是吴越国作战思想和军队实力的贴切记述。

有人说，中原大国自身难保，不会进攻吴越。此言差矣。当时，代表正朔的中原地区各个政权，虽然没有统一全国的实力，但是揍弱小国家的拳头还是硬的。如后唐同光三年（925），后唐明宗李存勖即发兵灭前蜀国——联想到大诗人李白都说，"蜀道难，难于上青天"。因此，只要中原皇帝愿意，可随时发兵吴越（打不打得赢另说），吴越国的生存压力其实特别大。

例如，钱镠晚年，吴越国就和当时名义上的"上司"、宗主国——后唐之间发生过一次外交风波，两国关系跌至冰点，几近爆发战争。但吴越国只用了一招便解决了危机：停止向后唐输送钱粮！结果，后唐立马服软，明宗皇帝李嗣源斩杀有关大臣以谢天下，同时为吴越国王钱镠平反，两国恢复原有关系。

这起两国争端的发生和圆满解决，再一次深刻地警醒了中原朝廷皇帝，吴越国需要中原，中原也同样需要吴越国的钱粮来填补自己空空如也的国库。当时，吴越国经济发达、社会富庶，虽然没有关于吴越国经济实力的确切史料，但我们还是可以从欧阳修《有美堂记》中看到杭州一带的繁荣盛景："今其民幸富完安乐。又其俗习工巧。邑屋华丽，盖十余万家。环以湖山，左右映带……"

向后唐等中原大国进贡，确实会让人觉得丢了面子，可是如果钱镠坚持"士可杀不可辱"，和军事实力雄厚且拥有"正朔"名分的后唐死磕，且不说能不能真的达到自己的目的，即便应对敌国的兵临城下，也是一笔非常巨大的费用。从这个意义上说，钱镠不愧为一个极富经济头脑的古代政治家。

后唐方面，其实也不想和吴越国彻底闹翻，因为当时黄河流域的经济更加脆弱。要是和吴越国的外交争端拖上几年，没人进贡，皇帝本人的生活质量也难以保证，更不用说国家安定和生产发展。

　　所以，吴越国向中原王朝不断进贡，其实很符合经济学原理。它让两国都获得了实际利益，吴越国花小钱省大钱、省大钱护民生，还赢得了和平发展的战略机遇。后唐继续得到吴越国的优厚供奉，日子好过了——这叫什么呢？双赢！

　　后周显德二年（955），柴荣伐南唐，令吴越国出兵相助。原本是吴越国宿敌的南唐战败，被迫割让长江以北大片土地，自此一蹶不振。此战让吴越国看到了北方朝廷的真正实力。也正是在战争结束后的显德五年（958），吴越国的进贡发生突变：在此之前，吴越国对中原或数年一贡，或一年一贡，至多一年两贡，而这年吴越国却一年之内向后周进贡6次！

　　吴越国横亘唐末、五代、宋初三个时期，这在五代十国先后出现过的大大小小地方政权中是绝无仅有的。尤其是在北宋建立之后，吴越国还继续存在了18年之久，这充分表明钱氏治理下的吴越绝不是一个软弱无力的小国。

　　就拿钱弘俶来说，在后周显德五年（958），王城杭州发生大火，史料记载"官府庐舍几尽，王出居都城驿"，但他还是想办法进贡后周绫、绢各2万匹，白金（古文中的"白金"是指"白色的金属"，不一定是白银，也有学者认为是"锡"）1万两。有人借此认为吴越国钱氏诸王不顾民生——但我们评价历史人物，不能仅从道义出发，更要看历史人物言行所产生的历史结果。此事过后，又过了20年，横跨后周、北宋两个朝代，吴越国方告和平结束。钱弘俶没有做到"战至最后一兵一卒"，可中国历史上但凡是偏安江南的小朝廷，又有几个做到了呢？

花点微小代价消弭敌人及危险，换来国家的长治久安、百姓安居，这笔账其实很划算。

当然，虽然吴越国有钱，但纵观其进贡中原王朝的货品，我们会发现一个有趣的现象：吴越国基本上只进贡绫罗绸缎、棉、米、茶叶、瓷器等，偶尔还有金银手工艺品，但就是不把"铜钱"及有关铜制品供奉出去。不让铜走出国门，这是颇耐人寻味的。

解 读

做成一件事都会有相应的政治、经济成本。因此，每一本政治账的背后同时必定也有一本经济账。吴越国历代钱王执政最大的特点，是在国家安全方面以小投入促进大产出，政治、经济两本账清清楚楚，为此施政方略不拘一格。政治账、经济账有机结合并相辅相成，方显大智慧。

◎第四讲　历史真相:"铁券"其实不能"免死"

"金书铁券"之制,最早始于汉代,这是古代皇帝为犒赏、笼络功臣勋贵而赐予的一种信物。《汉书·高帝纪下》就记载:"又与功臣剖符作誓,丹书铁契,金匮石室,藏之宗庙。"《后汉书·祭遵传》:"丹书铁券,传于无穷。"因为汉代铁券是由丹砂书写,又以书契形式制作,所以叫"丹书铁契""丹书铁券"。唐代之后改为用金粉、金线制作,所以又叫"金书铁券",此名称流传至今。

目前存世最早的铁券,就是钱镠铁券。这具铁券长 52 厘米,宽 29.8 厘米,厚 2.4 厘米,重 132 两,上嵌金字 333 个(一说 322 字、350 字)。

据史料记载,这具铁券第一次展现在世人面前是公元 978 年钱弘俶纳土归宋之时,宋太宗亲观后叹为观止,为了安抚钱氏一族,便将铁券交由钱弘俶长子钱惟濬保管。宋仁宗也曾观摩铁券并归还。北宋灭亡时,铁券在宋仁宗第十女、鲁国大长公主保护下和赵宋皇室一起南渡,宋高宗观摩后将其供奉在浙江台州。南宋景炎元年(1276),元朝军队攻台州,钱氏族人负券南逃遇难,铁券下落不明。直到元朝至顺二年(1331),浙江黄岩一渔夫将其从水中捞起。先是村里一乡绅以铁价买了回去。当地钱氏族人得知此事后,由钱镠第十四世孙钱世珪以十斛谷子购回。明朝建立后,朱元璋希望效法前朝制作铁券以犒赏功臣,命钱世珪之子钱尚德进献钱镠铁券以法样式。在朱元璋之后,明成祖朱棣、清高宗乾隆都曾观摩钱镠铁券——沉寂水中 50 余年,先后 6 位帝王御览,1959年入藏中国历史博物馆(现国家博物馆),这样一件国宝能留传至今,实为传奇。

因为长久浸泡在水中,钱镠铁券现仅有 140 余字可辨识,这使得学者们对铁券原文的表述存在差异①,但因为有《吴越备史》《宋史》等同时代史书佐证,所以对铁券的主要内容没有分歧。对偶修辞、历史典故的大量运用,是钱镠铁券的一大语言特色,简单列举3 处:

> 铭邓骘之勋,言垂汉典;言孔悝之德,事美鲁经。

意为:铭刻邓骘的功勋,在汉代典籍中流传千古;孔悝的德行,记载在《春秋》(一说《论语》,两者都别称"鲁经")中。这里提到的"邓骘"为东汉中期大臣,有拥立汉安帝继位之功,但他为人谦虚,坚决辞去爵位加封;孔悝,春秋时期卫国大夫,帮助卫成公、卫献公、卫庄公等多位国君返国为君,有很大功劳。

---

① 关于铁券原文,见本书附 3《乾宁四年唐昭宗赐钱镠金书铁券原文》。

　　拯于粤于涂炭之上，师无私焉；保钱塘成金汤之固，
政有经矣。

　　意为：将越地（州）人民从生灵涂炭中拯救出来，出兵无私；捍
卫两浙，使其固若金汤，为政有道。这里的"粤"，通"越"，浙江地区
古称"越地"，又可指董昌占据的越州（今浙江绍兴）。"钱塘"代指
杭州，因钱镠据有的地区以杭州为中心，故名。

　　钟繇刊五熟之釜，窦宪勒燕然之山。

　　意为：钟繇受赐五熟之釜以显褒奖，窦宪勒石燕然山以记军
威。钟繇，东汉末至三国曹魏时期大臣，著名书法家，是楷体汉字
的创始人，史称"楷书鼻祖"；因参与建立曹魏之功，被曹丕赐予"五
熟之釜"，上刻褒奖铭文。窦宪，东汉名将，因率军大破匈奴名垂
史册。

　　综上，唐昭宗赐予钱镠的这具铁券用语华丽，最关键的是给
出了司法豁免权的承诺，这也成为钱镠铁券为后人关注的地方：

　　卿恕九死，子孙三死，或犯常刑，有司不得加责。

　　收到铁券后，钱镠上《谢赐铁券表》，除了感恩，还有"行如履
薄，动若持盈，惟忧福过祸生，敢望慎终护末"等语，或许他从这份

铁券上读到的更多的是警示和惶恐，这恐怕是唐昭宗本人也没有想到的。

那么，铁券到底能不能起到"免死"作用呢？

汉代铁券实物目前已看不到，但根据有关史料记载，汉代的铁券实际上和"免死"没有关系，更多的是给予受赐者食邑、免税免徭役等经济特权。铁券上有"免死"内容，最早出现在魏晋南北朝时期。但同时，史书还是忠实记载了大量获得"免死铁券"后依旧被杀的事例。

据当代历史学家统计，唐代获得过"金书铁券"的大臣有 61 位，其中善终的有 30 位，被处死等死于非命的多达 18 人，还有 13 人死因不详。如唐末名臣杜让能，因护驾唐僖宗有功被赐予"免死铁券"，但到了唐昭宗时期，皇帝因屈从藩镇淫威而赐死杜让能。所以，铁券上有关"免死多次"的条款实际上取决于皇帝的心情和现实政治博弈需要。

钱镠是个明白人，大概也一定了解过在他之前的"金书铁券"留传情况及实际价值，知道铁券上的"卿恕九死，子孙三死"之类的话并不能当真。唐朝赐钱镠铁券时，距离唐朝灭亡仅差 10 年，所幸钱镠本人治家严谨，外人也找不出钱镠及族人需要用到赦免"九死""三死"的证据，所以，这份铁券并没有发挥多大的实际作用。

解 读

古代皇帝赐予臣下的"铁券"，本意是一种恩典，是"正向激励"的产物，是希望获赐者再接再厉,继续为江山社稷做出贡献。当现实政治需要和铁券上的"免死"条款发生冲突时,大多数情况下皇帝会毫不犹豫地选择前者。再者,古代从来没有真正的法治社会,连法律条款都未必会遵守,还会在意自己说的一句话吗?

◎第五讲　货币短缺：铸铁钱之议的提出与结局

前面说到，在吴越国对中原王朝的进贡中，有金、有银，当然茶叶、瓷器、绫罗绸缎等实物就更不用说了，却基本没有铜钱及铜制品。这是因为，吴越国向来缺铜，缺铜自然也就缺铜钱。而从秦汉到唐宋，铜一直是我国流通货币的主要材质。从理论上说，金银反倒可以从吴越国本就发达的海外贸易中获得。因此，吴越国钱氏诸王自然不愿一枚铜钱流出国境。我们看吴越国进贡北方的"礼单"中，反而有大量金银币及相关手工艺品（如鎏金银狮等）。这也印证了马克思说过的那句著名的话："金银天然不是货币，货币天然是金银。"因为贵金属可以作为货币以满足大宗交易的需求。

吴越国的富庶，可从《表忠观记》中的"铸山煮海，象犀珠玉之富，甲于天下"等华丽之词和欧阳修的《有美堂记》等传世美文中管窥一二。但是，依现有史料，却完全没有吴越国钱币形制、币值、重量等细节的记载，也没有相应的考古实物，史书中主要有四条相关记载提到了吴越国铸钱方面的内容：

开运三年（946）十二月，（钱弘佐）议铸铁钱，王弟牙内都虞候（钱）弘亿（钱弘佐族弟）上疏以为不可，从之。
（《十国春秋·卷八十》）

忠献王（钱弘佐）欲铸铁钱，以益将士禄，（钱）弘亿谏曰："铸钱有八害：新钱既行，旧钱皆流入邻国，一也；可用于吾国，而不可用于他国，则商贾不行，百货不通，二也；铜禁既严，民犹盗铸，况家有铛釜，野有铧犁，犯法必多，三也；闽人铸铁钱而乱亡，不足为法，四也；国用幸丰，自示空乏，五也；禄赐有常，无故益之，以启无厌之心，六也；法变而弊，不可遽复，七也；钱者，国姓，易之不祥，八也。"王善其言而止。（《十国春秋·卷八十三》）

（钱弘倧）及即位，又以黄金一镒，命近侍袁文昌铸巨钱。文昌意其求谶，且惧不就，乃宿谋于匠者，别铸一以为备。翌日，以所授金铸之，逊王临视，果不就。（《吴越备史·卷三》）

周显德四年（957）正月，忠懿王俶（钱弘俶）始议铸钱。（《十国纪年·吴越史》）

我们来逐条分析每一条记载：

第一条、第二条说的其实是一件事，只不过写到了两个人的传记里面,钱弘佐打算铸铁钱,以作犒劳将士之用,但族弟钱弘亿提出反对,并列举 8 条理由,钱弘佐觉得有道理便没有实行。

第三条,钱弘倧想铸大钱,且用黄金为质,以回笼市场上流通的铜钱——这也是古代政府积累政府钱币的惯用手法,但由于近侍袁文昌、匠人的"曲线抗旨",最后也没能实现。

第四条,钱弘俶打算铸钱,至于究竟铸没铸,史料没有记载,也没有文物实证,因此不得而知。

四条记载都指向一个事实——吴越国缺钱,铜钱不够用,因此想铸铁钱、大钱,但最终都没有付诸实施。而且,第四条记载说钱弘俶"始议"铸钱,说明吴越国很可能没有自铸钱币!

按理说,君主乃一国之君,想铸铁钱、大钱作为辅币流通还不是一句话的事?事实是,金融市场有自己的规律,而钱弘佐也深知其中的奥妙,并听得进旁人的劝谏,这也是吴越钱氏诸王难能可贵的一点——当时,各国先后铸造了 30 多种钱币。短命朝廷都普遍铸行大面值货币,不但大量使用铅、锡等贱金属,还大量铸行铁钱。更有甚者,唐末卢龙节度使刘仁恭(?—914)竟以泥为钱,实乃千古奇闻,滥恶已达极点。

那为什么不用铁钱呢?历史上兴铸铁钱的时代,不是面临钱荒,以铁钱作为铜钱、金银的补充(如汉代以后的铁"五铢"、铁"半两"),就是国家经济崩溃,官府希望以铁钱回笼市场上高价金属(比如清朝的铁"咸丰通宝"),吴越国显然属于前一种情况。此外,就铁钱不可行,钱弘亿也已经给出了答案:铜禁既严,民犹盗铸,况家有铛釜,野有铧犁,犯法必多。谁家没有铁锅、铁犁?用铁铸钱,势必引发大规模民间私铸,而铜作为价值比铁高的金属,一定会被不法分子熔化作他用。

这就是著名的"劣币驱逐良币"规律。

这一金融规律,通常被认为是 16 世纪的英国经济学家格雷欣首先提出,因此也称"格雷欣定律"(Gresham's Law)。但实际上,钱弘佐、钱弘亿比英国人早 600 年就认识到这一点了。

至于铸大面额的"大钱",勿论材质,更是有违经济规律,且经常被后世史家认为是"掠夺民财"之举(当然不同时期决策者未必全部出于这个考虑),幸运的是,钱弘俶在这件事上知错而止,并未强推。

所以说,今天的我们经常只看到吴越国的富庶和"不差钱",的确,这个国家铸山煮海,海外贸易发达,同时社会安定,民业兴旺;但同时,吴越国自始至终未铸本国钱币,且面临"钱荒"的问题,国家经常被日常交易基本货币不足所困扰,这是非常值得我们关注研究的。

解 读

国家安全是一个国家的根本利益。这方面,吴越国统治者克服一时的政治冲动,巧妙处理货币问题,确保经济稳定的经验,为今天留下了有效防范风险、有力应对挑战的历史启示。

◎第六讲　经营杭州：扩城与治水

杭州历史上最辉煌的时代，就是五代吴越国和南宋。先后有钱、赵两姓14位帝王御极于此，不少著名建筑、名胜古迹也都兴建或扩建于这两个时期。然而，杭州能在东南城市圈中崛起，后世公认还是吴越国钱氏"三世五王"的功绩。

正是五代十国时期的吴越国，以杭州为首府，将杭州城市发展推向一个辉煌崭新的时代，使之成为"两浙"地区的政治、经济、文化中心。北宋时，杭州有"地有湖山美，东南第一州"之誉。南宋绍兴八年（1138），南渡的赵宋皇室又将"行在"（临时首都）设于杭州。杭州的这一华丽转身不是偶然的——南宋开国皇帝赵构将都城选在杭州，而不是有"虎踞龙盘"之称的南京，这与钱镠暨吴越国近百年治杭历史和成绩密不可分。甚至有说法指出，赵构将杭州改名为"临安"，是为了怀念临安人钱镠建设杭州的功绩，让他得以在极危难之时找到一个落脚之处。

在钱镠50余年的戎马倥偬生涯中，掌门杭州是他政治生命的起点，也是迈向封邦建国道路的第一步。从到任杭州，到唐天祐四年（907）李唐王朝灭亡，同年后梁册封钱镠为"吴越王"，"浙江"（而不是以钱塘江为界的"浙东""浙西",即古代文献通常所称的"两浙")自此成为一个完整的行政区划概念,这中间历经20年。在此期间,钱镠主要以一名地方官的身份,对杭州城开始了大刀阔斧的改建与拓展。

三拓杭城,梵音远播。据相关研究和考古发现,唐代杭州"四至"范围是东临中河,西濒西湖,南达凤凰山,北到六公园,大致相当于今上城区。唐大顺元年(890),钱镠发动民工筑夹城,即军事要塞。3年后,又筑罗城(外城),以增加人口、繁荣经济。后梁开平三年(909),又建子城,作为吴越王府和中央官署机构所在地。经过3次大规模建设,此时的杭州南到钱塘江北,北迤武林门,西濒西湖,东至菜市河(今东河),中部窄,南北长,史称"腰鼓城"。自是,今日杭州格局雏形初具,因此,"使杭州从第三等超升到第一等的是五代的吴越钱氏"(谭其骧:《杭州都市发展之经过》)。在思想层面,吴越国官方向来以礼佛为主,崇道为辅。杭州素有"东南佛国"之称,环西湖的灵隐寺、净慈寺、六和塔、保俶塔、雷峰塔、闸口白塔、西湖南山造像等诸多名胜古迹,莫不是吴越钱王治杭时期建成或扩建的。如孕育了众多爱情传说的雷峰塔,即由钱弘俶为庆祝其妃黄妃得子所建。

留住西湖,功及后世。钱镠说,有土斯有财,无水即无民。基于这一朴素的民本思想,一方面,钱镠断然拒绝方士所提"王若改旧为新,有国祚及百年;如填西湖,垂祚当十倍于此"的建议,为了方便百姓取水而留住西湖,并建水利工程部队"撩浅军"以保证维护西湖水的活态与清澈。另一方面,组织百姓在城内凿井九十九口,号称"百井",开挖三个大池,名叫"涌金池",引西湖之水以供民需。时至今日,西湖已成为杭州的文化印记。2011年,杭州西湖文化景观入选世界文化遗产名录,是中国目前列入世界遗产中的唯一一处湖泊类文化遗产。在2016年的G20杭州峰会标志中,在20根线条组成的桥形轮廓下方,能隐约感受到西湖的波光潋滟与山色空蒙。

筑捍海塘,护佑杭民。钱镠到杭前,钱塘江屡兴潮患,导致城内也是"水泉咸苦"。这一现象自秦汉到唐末一直如此,1000余年中都得不到根本解决,民众苦不堪言。公元910年,钱镠征发民工20万,弃用传统的"版筑法"而用"石囤木桩法",同时举行著名的"射潮"仪式鼓舞筑塘大军士气,终筑起捍海石塘,这是杭州城市史上第一条用竹笼、石头、木头筑成的堤塘,堪称世界海塘史上的创举。

发展杭锦,货通外邦。钱镠时期,政府将织锦业纳入官营范畴,杭州的织锦业(世称"杭锦")也正是在钱镠治理下起步并繁荣起来的。据史书记载,当时杭城中有常年专业织锦工数百人,这为吴越国动辄向中原进贡数万乃至数十万匹锦、绢、丝等织物提供可能。这些精美的"杭锦",不仅畅销中原和南方各国,也经由明州(今浙江宁波)港出发的"海上丝绸之路"销往朝鲜、日本和西亚等地,成为对外贸易的主要商品,亦为吴越国维持对中原的常年供奉以求得庇护提供了雄厚的物质基础。

据史书记载,钱镠晚年,有一次和属僚谈起任内杭州城市的变化,称:"千百年后,知我者以此城,罪我者亦以此城。"所以说,1000年前,钱镠打造兼有山水之美、人文之盛的杭州,书写出临安与杭州的缘分;1000年后,临安成功撤市设区,成为杭州的一分子,正努力实现从县城变成世界名城重要组成部分的华丽转身。

解 读

钱镠三次拓建杭城,是古代"民为贵"思想的活学活用。领导者首先要学会率先垂范,说话、处事、为人,要比一般人更加严格要求自己,才能在更高的平台上,管理更宏大的事业。修城期间,钱镠与杭州军民同甘共苦,并以群众需要,而不是自己需要来考虑城市功能设置,不仅展现了领导魅力,更是当时条件下的"讲政治"。

◎第七讲 外交风波：安重诲事件始末

五代十国时期，后梁等最具实力的"五大国"虽相继控制中原和关中地区（今陕西西安一带），却也没有能力统一全国，势力范围也基本不超出黄河流域，这就给广大夹缝中求生存的"第三世界国家"提供了机遇。所以说，妥善处理国与国的关系、弱国如何在强国环伺中活下去是那个时代的一大主题。外交工作不是当今世界的特有产物，历史上的国家政权同样要面对这一问题。

吴越国在全盛时据有今浙江全部、上海、江苏东南及福建福州。它位于中原和南方最强的吴国（南唐）之间，其连接海陆的枢纽位置、与中原的特殊关系，以及自身殷实的财政家底，使吴越的对外政策在体现乱世外交共性的同时，又独具个性。这方面，在钱镠晚年时发生的"安重诲事件"就颇具代表性，体现了钱镠的外交智慧，也是解读吴越国国祚长久的密钥之一。

一、外交官醉酒酿成两国纠纷

安重诲（？—931），后唐明宗李嗣源在位时期（926—933）的第一宠臣。据《旧五代史》记载，他"有经纶社稷之大功，然志大才短，不能回避权宠",没弄明白中原和南方小国的关系已不完全是李唐时代中央和藩镇的关系,在条件远未成熟的情况下强行削藩。争端的导火线,是后唐明宗天成四年(929),皇帝(也有史料说是安重诲私派)派韩玫、乌昭遇出使吴越国。

使团成员之一的韩玫是安重诲的亲信,且和乌昭遇不和。韩玫恃宠凌辱乌昭遇,"(韩玫)因醉使酒,以马棰击之"。钱镠看不过去,所以用一般礼节接待韩玫,并打算就韩玫的劣迹报送后唐,但身为受害者的乌昭遇并不同意,认为这有伤国体。钱镠觉得乌昭遇的话不无道理,也就没有深究。

但是,韩玫回去反咬一口,诬称乌昭遇私将朝中秘事告诉钱镠,并称钱镠为"殿下",行使臣对君的叩拜大礼。安重诲得报后,马上意识到此事大有文章可做,上奏赐乌昭遇自尽,并剥夺钱镠在身官爵,勒令钱镠以太师名义"致仕"(退休)——此外,还出了更狠的一招:撤销吴越设于后唐首都洛阳的"驻京办"(进奏院),命有关部门把吴越在京人员都抓起来治罪。

> 凡吴越进奏官、使者、纲吏等,令所在系治之。(《资治通鉴·第二百七十六卷》)

五代时的"国际社会",是一种典型的朝贡格局。朝贡制度在古代广泛被中原王朝用于处理民族、属国和外交关系,以期达到"四夷顺而中国宁"的目的。对于和大国保持臣属关系的小国而言,只要不公开藐视大国,就能得到大国的安全承诺。以吴越国为例:从钱镠开始的"三世五王",均须中原皇帝下文件册封后才能登上王位。所以从政治"名分"上讲,钱镠只是帮助中原王朝管理两浙地区,吴越类似于中原的派出机构。故而钱镠如果真退休,那吴越国也不存在了。

二、后唐政治讹诈的深层动机

安重海或许是这样盘算的:既然你钱镠向来以忠臣自居,"动以奉'中国'(指代中原)为辞",那么你的上级"中国"命令你退休,你敢不听从吗?你若置若罔闻,我就可以名正言顺地讨伐你。

本已丢人现眼的外交官窝里斗,摇身一变居然成了政治讹诈,外交领域的风云莫测可见一斑。

众所周知,钱镠提出并贯彻"善事中原,保境安民",这一政策应该说是成功的。78岁的钱镠到底是驰骋疆场数十年之久的老练政治家,面对突如其来的变故,并没有表现出慌乱无助和理亏妥协,当然也没有打算以卵击石,而是决意回到外交谈判的轨道上来。按理说,想在外交场合占上风,必然要以国力作后盾,但不可否认的是,外交身段灵不灵活,也是确保国家利益的重要因素。

三、钱镠的外交抗辩和反制

后唐天成五年(930),吴国攻荆南,后唐明宗怀疑吴越国和此事有关,便下诏诘问。虽然冲在削藩最前线的是安重海,但行动的幕后策划者还是皇帝——钱镠恐怕早料到这一点,最大的争取对象,不正是皇帝本人吗?因此,他先命第七子钱元瓘上表申诉,可"奏不得通",大约是后唐官方不接受吴越的外交抗辩;后又指示元瓘再度远赴洛阳进行双边对话,主要表明:自己确实礼仪有失,应当检讨;后唐如能宽恕自己,那吴越的进贡仍将源源不断。

除此之外,钱镠还有两张反制牌可打。首先是经济牌:前面已谈到,钱镠和吴越国的"政治价值"在后唐朝廷看来已然不大,那剩下的只有经济反制一条路。而后唐的国内经济是怎么个状况呢?后唐庄宗李存勖在位时伶人造反,皇帝死于内乱,帝国奄奄一息。60岁的李嗣源受命于危难,是为明宗,北宋史家称赞他治下的社会"言于五代,粗为小康"。但总的来说,北方由于改朝换代频繁,战乱频仍,生产凋敝。钱镠只要掐住后唐的钱袋子,皇帝马上就会感到手头拮据。

其次是人质牌:后唐朝廷派裴羽、陆崇两位大臣出访闽国,但二人却遇风漂至杭州。史称"时枢密使安重诲怒绝钱氏朝贡,越人以兵守二人于馆"。后来陆大使去世,钱镠便主动放裴羽回国,并"附表引咎,其子传(指钱元瓘)及将佐屡为上表自诉。癸卯,敕听两浙纲使自便"——钱镠请裴羽转达和解诚意,钱元瓘率百官又开始新一轮的悲情攻势,给足了明宗皇帝面子。另外"敕听两浙纲使自便"一语,翻译过来是说"(明宗)下敕文释放两浙纲使,悉听自便"。

四、"安重诲事件"的历史启示

实际上,安重诲是很想成就一番事业的。不过,他的削藩只针对各南方政权的首脑，没有从增强自身国力方面去考虑。所以他的努力以失败告终，并在各地引发一连串的政治动乱。宠臣本质上依然离不开"臣"的范畴，皇帝李嗣源一看情形不对，就"以其绝钱镠，致孟知祥、董璋反，及议伐吴，以为罪"的借口，断然将其当作替罪羊杀掉。

后唐长兴二年（931），后唐政府正式为钱镠平反，两国关系正常化。《十国春秋》称："（后唐）复（钱镠）元帅、尚书令、国王如故。"这标志着"安重诲事件"终于得以解决。用历史长镜头看，力量对比悬殊的两国政治对抗能以弱小一方吴越国的"不胜而胜"结束，这是钱镠"权变外交"的奏效，也引出一些启示：对突发事件要快速做出性质评估，不能畏首畏尾；要重视舆论导向，策略性示弱不等于放弃底线；积极动员各方参与事件的解决，不一味屈从对方的说辞，等等。

解　读

"刚"是意志坚定，威武不能屈，坚决维护合法利益。"柔"的是手段与方法，"与时迁移，应物变化，立俗施事，无所不宜"。钱镠成功解决"安重诲事件"，以小博大维护国家利益，为我们演绎了一个古代外交"刚柔并济"的活样本。

◎第八讲　钱弘俶治国：惩贪与重民

古代的政权，无论是大一统政府还是地方小朝廷，要想立国长久就必须处理好内政问题。纵观历史上最著名的四次盛世：汉代文景之治、唐代贞观之治和开元盛世、清代康乾盛世，可以发现这四次盛世中，虽然国家的北部边境都存在或隐或显的边患（汉唐时有匈奴、突厥等，康乾时期则面临准噶尔、沙俄威胁），但是它们内政运行得大都较为顺畅，这是所有被封建史家誉为"盛世"的共同特点。这就说明，一个政治清明、经济繁荣、社会稳定、百姓安居、官员廉洁的国内局面是任何政权取得合法性进而实现长期稳定的首要条件。因为只有这样，即便外患未平，国内基本也能与之保持一种力量上的均势，国家安全和发展不至于出现颠覆性错误。所以说，外交是内政的延续，内政是外交的基础。外交未必能造就一个强大国家，但内政处理的成败绝对是决定国家强弱的关键因素。尤其在五代十国那样的大争之世，有远见、有抱负、有责任心的统治者都会高度重视国内事务的经营。

虽然作为钱镠儿子辈、孙子辈的继任者所从事的活动基本都离开了临安，但临安作为吴越国钱王文化发祥地，重新审视其他四位吴越国君主,仍不乏现实意义。

事件回放 1:国门前杖责提议增税之人

据《资治通鉴》记载:"吴越王弘(钱弘俶)募民能垦荒田者,勿收其税,由是境内无弃田。或请纠民遗丁以增赋,仍自掌其事,弘杖之国门,国人皆悦。"钱弘俶招募那些垦荒者来种田,且不收税,于是国内就没有闲置的田地。这时候,有官员请求纠察百姓户籍上遗漏的男丁来增税,并主动请缨操办这件事,钱弘俶不仅没有表扬提议者,反而在杭州的城门之下将他痛打了一顿,对此老百姓无不拍手称快。

首先明确,该官员所提建议是否合理? 在当时情况下,无论从法律层面还是从台面上,这项提议都说得过去——其一,赋和税不同,"税"主要针对经济活动征收,而"赋"在古代语境中往往指的就是人头税,在《资治通鉴》这段文字中也是如此,即每个成年人必须交,清查户口是再合理不过的事,这是以法律保证的国家财政制度;其二,吴越国为了贯彻"善事中原,保境安民"的国策,必须要取得中原王朝的支持和庇护,每年要进贡大量财货方物。钱从哪里来? 自然是万千吴越国百姓所交。

那么钱弘俶为什么要杖责他? 古代官场历来是"铁打的衙门流水的官",没人会把现任职位当作毕生事业,何况五代时各国吏治普遍不怎么样,如后晋魏博节度使范延光手握"魏博六州之赋,无半钱上供";后汉成德军节度使杜重威"重敛于民,税外加赋",而家中却"有粟十余万斛"。以钱弘俶的博学,不会不知道这些离他未远的横征暴敛之事,所以现在突然冒出来一个要求"自掌其事"增税的家伙,这不正好说明此人想从中捞油水吗?

事件回放2:销毁户籍资料以减轻赋役

《十国春秋》讲了这样一件事:"忠懿王(钱弘俶)入朝,(江)景防以侍从,当上图籍,叹曰:'民苦苛敛久矣,使有司仍其籍,民困无已时也,吾宁以身任之!'遂沉图籍于河。诣阙,自劾所以亡失状,宋太宗大怒,欲诛之。已而谪沁水尉,遂屏居田里以卒。"这段话说的是,北宋太平兴国三年(978)吴越国纳土归宋时,侍从中有一个叫江景防的人,他感叹说:"天下百姓苦于苛捐杂税很久了,如果让大宋政府掌握了图册户籍资料,那么老百姓的负担仍然不会减轻,我愿意舍身来改变这一情况!"于是,他把户籍资料扔到河里。抵达汴京朝见宋太宗时,他向皇帝报告了丢失户籍资料之事,太宗龙颜大怒,起初想杀江景防,后又将其贬至外地任职,江景防最后得以善终。

"纳土归宋"是北宋初年历时十余年的统一战争中最为浓墨重彩的一笔,同时也在祖国的统一大业历史中写下了光辉一页。钱弘俶为避免两浙百姓遭受战火荼毒,主动将户籍版图交予北宋朝廷,这一盛举被后世史家誉为:"完国归朝,不杀一人,其功德大矣!"

可话又说回来,钱弘俶是因为祖训在先:"如遇真主,宜速归附。"故而可能确实有这样维护国家统一的觉悟,但是手下人就未必了——在他们看来,"纳土归宋"或许只是体面的投降而已,所以涌现出像江景防那样的国家忠臣。为使故土百姓免遭新政权可能的苛捐杂税,江景防无法左右时代潮流,但又不愿被裹挟,便冒着生命危险销毁户籍资料,其体现出的政治勇气和爱民之情足以彪炳史册。目前尚未查到有关钱弘俶在这次"纳土归宋"插曲中的表现,因而不能妄断江景防沉籍是个人行为还是钱弘俶授意,但可以肯定的是,钱弘俶在事后必然知情,并且在宋太宗豁免江景防死罪中发挥了关键性作用。

钱弘俶的民本认识:惩贪与重民

以上两则钱弘俶主政时期的内政案例,纵然可能不够全面,但至少能在一定程度上说明钱弘俶的内政处理思想:惩贪与重民。

先说惩贪:古代朝代的衰亡几乎都与人亡政息、滥用职权、贪渎腐化相关。《左传·臧哀伯谏纳郜鼎》中有句名言:"国家之败,由官邪也;官之失德,贿赂章也。"官员手中有权,一旦滥用则极易祸害百姓。《钱氏家训》中就指出,"严以驭役,宽以恤民",用现在的话说就是从严治官、宽以待民。这句话一般是从减轻群众负担角度解读的,但可能还有更深层次的内涵:正常情况下,国家增税在短期内对官员本身是没什么明显好处的,如果贸然让某个具体的官员主动领办增税等涉及群众"钱袋子"的工作,官员自己若再提出如何避免户口漏报、清查田亩、开荒种地的一揽子方案,加之耳濡目染贪腐丛生的乱世流弊，让钱弘俶如何才能相信这名官员的真正动机是为国为民？

再说重民：所谓重民思想，是指重视、关心老百姓的所思所想及由此衍生的一整套配套方针、政策与理论。钱镠在《武肃王遗训》中表示："余固心存唐室，惟以顺天而不敢违者，实恐生民涂炭，因负不臣之名。而恭顺新朝，此余之隐痛也。"在他看来，只要能让国家百姓休养生息，即便自己向敌国俯首称臣也是值得的。事实上，吴越国的历任君主较之他国有着明显的仁君、儒君色彩，所以钱弘俶做出"纳土归宋"的决策就不难理解了。统治集团利益与民众利益要尽可能一致，在封建时代能体认到这一点的政治家不多，能亲历而为的更是凤毛麟角。

钱弘俶作为吴越国最后一位国君，在历史上总体并不是十分有名，研究五代十国最权威的两大正史《旧五代史》和《新五代史》中，也只有《钱镠传》的大条目下附有其小传；《宋史》中提到"纳土归宋"时，钱弘俶迫于压力的无奈犹疑亦不难发现。但是，钱弘俶在很大程度上继承了祖父钱镠"惩贪"与"重民"的思想，在烽火连天、社会动荡的五代十国社会，构建起一道难得的治世风景，这对缓和社会矛盾，维护吴越国钱氏历代君主的形象，延长吴越国的国祚是十分有利的。联系钱弘俶的活动历史乃至吴越国后期的整个政局，可以说正是依靠钱弘俶这位谨慎的船长，吴越国这艘大船才最终避免倾覆并平稳到港。他对国家统一和浙江发展所做的历史贡献，同样是吴越国钱王文化遗产中的重要组成部分。

解　读

钱弘俶在历史上总体并不很出名，但他和乃祖钱镠一样，有着浓厚的"民本"意识：一是爱惜民力，不与民争利；二是爱护和他一样爱民的下属，及时争取利益。上下一心，吴越国成为当时立国时间最久的一个国家，绝非偶然。

◎ 第九讲　远交近攻：终灭南唐

北宋建隆元年(960)，赵匡胤发动"陈桥兵变"，推翻后周政权，是为宋太祖，建立了在历史教科书上以"不差钱"著称的北宋，至此五代告终；北宋太平兴国四年(979)，北汉灭亡，十国也画上了句号。

这 10 个国家中，只有钱镠的吴越和高季兴的荆南从未称帝。由是观之，除了向大国示好以稳住外部环境，发展本国经济，扩大物资出口，国小力弱的吴越之所以能夹缝求生，拼的不仅是军事，也有政治智慧。在对中原的外交方面，历代钱王是颇有智慧的，这在钱弘俶的身上表现得尤其突出。

吴越北、西、南三面毗邻南唐(945 年以前，南面有王审知建立的闽国，后被南唐所灭，但福州等地归附吴越)，因此在北宋建国前，吴越和中原并不毗邻，所以也不存在明显的利益冲突。值得注意的是，吴越国的对外战争不多，基本与南唐(包括杨行密创建的吴国)有关。

和同期不少小国君主不同，钱弘俶的政治涵养较高：中国已有春秋战国、魏晋南北朝两次大分裂，但每次都终归一统。在他看来,眼前也许不过是前两次乱世的翻版而已,如果再不做点什么,就只能被裹挟。与其坐以待毙,不如主动迎合大国的政治需要和时代的潮流:统一。问题是:谁将成为自己向大国效忠的投名状?

一番游移后,钱弘俶把目光停留在其唯一的邻国——南唐。

后周显德三年(956),后周伐南唐,并要求吴越政府训练军队组成偏师,准备配合越境作战。战争期间,周军南渡淮河,钱弘俶下令国内成年百姓从军,并率战船400艘、士兵1.7万人前去和周军会师。

即使放到现在,这也该是一项世界壮举:一个连自己的生存都不一定能保证的弹丸之国,却不顾物力维艰和路途遥远参加大国的对外战争,这是一种怎么样的勇气?

十多年后,宋太祖赵匡胤挥师进攻李煜的南唐,又"谕吴越伐江南"。时任南唐君主李煜一边部署自卫,一边还派人转告钱弘俶:"今日无我,明日岂有君?一旦明天子易地酬勋,王亦大梁一布衣耳。"

"唇亡齿寒"的道理,钱弘俶不是不知道,但大势不可逆。

北宋开宝八年(975),东南雄藩南唐就这样在北宋和吴越的夹击下灭亡。本来就对政治事务毫无兴趣的李煜,亡国被押至汴京后,只有以一曲"恰似一江春水向东流"怀念故国。

南唐亡国三年后(978),钱弘俶发现除北汉外的小朝廷皆被北宋消灭,吴越已处于三面被北宋包围的地缘政治格局中,要想延续国祚已不可能。但反过来想,祖父钱镠曾说:"有予夺生死之权,骄心易满；有人民社稷之奉，侈心易生。"咱钱家出自社会底层，现已富贵至极，做人要知足常乐。

吴越国历代国王的任命都需中原朝廷册封，故钱氏只能关起门来称王，在国外还是中原大邦的臣；而南唐却是货真价实的"帝国"，年号、帝号一个都不少。

然而，王国最终淘汰了帝国，原因在于：

南唐三代君主（李昇、李璟、李煜）缺乏战略眼光，认识不到南方诸国是一条绳上的蚂蚱，不去想着如何互相帮扶以抵御北方，而是贪图眼前利益，去侵略周围的弱小兄弟。结果，南唐四面树敌，也让中原在南方有了牵制南唐的棋子，其中就包括吴越国。

南唐有光复唐朝的大志，与契丹交好，从背后骚扰中原。故每个中原朝廷都视南唐为钉子户，南唐变成中原和吴越的共同敌人——恰好，吴越又奉行"善事中原"的国策。于是乎，吴越国从猎物转身成了猎人，为大国充当盯梢南唐的角色。

基于对南唐这份"见面礼"的一丝自信，同时带着保全钱氏族人、避免两浙地区遭受战火涂炭的期许，纳土归宋成了唯一的选择。

钱弘俶虽为小国之主，但政治智慧和政治气魄着实不凡。否则，怎敢将大国政治玩弄于股掌之间？身处多方博弈风口浪尖上的弄潮儿钱弘俶，在统一战争的潮流中不仅未呛到水，反而将南北大国的外交短板当成了救生板。这是因为，他认识到，国家利益在任何时候、任何情况下都高于一切。而自保是吴越国的本能，也是最实际的国家利益。

正是钱弘俶在坚持钱镠"善事中原，保境安民"国策的基础上，将"远交近攻"的战术理论结合实践，从外国借枪巧妙猎杀宿敌南唐，才在很大程度上决定了考核吴越"事大"政策效果的最终成绩：为钱氏王族赢得一次体面、安全的"下岗转制"，钱家血脉亦得以延续；使两浙百姓免于兵革之殃，杭州成为东南繁华之城，也赢得后世史家的高度赞誉。

解 读

国家利益面前没有商量、谈判的余地，特别是非常时期，更要讲究技巧策略。

◎第十讲　损失重大:吴越国时期的杭州火灾

吴越国时期,杭州第一次成为国家意义上的都城,从此杭州人口增长开始加快。根据 2000 年版《杭州市志·第一卷·人口篇》记载,五代吴越国时期杭州有 10 万余户,虽然确切人口数无考,但以古代之家 1 户 5 口计算,则至少有 50 万人,成为当时中国东南重要的大城市——由此带来一个问题,人口的增多带来房屋密度加大,又因为古代建筑多为木质,这其中还有大量茅草屋,因此火灾成为当时普遍的一个"城市病"。

据相关史料记载,吴越国时期的杭州重大火灾发生了至少 5 次,有几次甚至远远超出一般意义上的公共突发灾害范畴,对国家主政者的更迭、吴越国对外交往都产生了深远影响。

第一次火灾发生在后晋天福六年(941),为钱元瓘在位时期:

秋七月,甲戌,丽春院灾,延于内城,毁宫室,府库几尽。王(钱元瓘)避之,火辄随发,遂惊惧,发狂疾,迁居瑶台院。是月,唐主遣使来唁,且赒其乏……八月,辛亥,王薨于瑶台院之彩云堂,年五十五,在位十年。(《十国春秋

·卷第七十九》)

这次"丽春院大火"影响不可谓不大,也是史书上记载最多、影响最大的一次。物质损失不说,钱元瓘因此受到惊吓而引发"狂疾",仅过了一个月便去世。钱元瓘遗命由14岁的第六子钱弘佐继位,间接引起王室内部宗室和武将之间的猜忌,埋下了6年之后"胡进思之变"、钱弘倧被废的隐患。

第二次火灾发生在钱弘佐在位时期(941—947),具体时间不详:

> 兵籍使钱丞德家火,俯迩内城,命亲军援之。王(钱弘佐)登而望,有伺便攘窃者,亟命斩之,众因悉力,火遂灭。(《吴越备史·卷三·忠献王、忠逊王附》)

吴越国兵籍使钱丞德(事迹不详,或为吴越钱氏宗室)家中失火,钱弘佐派亲兵部队前往灭火,同时亲自登高查看火情,并下令:如有人趁火打劫偷窃,斩! 在钱弘佐亲军部队的努力下,大火终被扑灭。这起火灾,让后人看到了钱弘佐的果断坚决。

第三次火灾,发生在后汉乾祐二年(949),为钱弘俶在位时期:

> 夏四月,乙亥,城西上清宫(注:为一道观的名称)灾。
>
> (《十国春秋·卷第八十一》)

这次火灾，想是未造成大的损失，因此史书一笔带过。

第四次火灾，发生在后周显德三年（956），也是钱弘俶在位时期：

春正月，南击场门楼火。（《十国春秋·卷第八十一》）

这次因为是门楼失火，应无大碍。

见诸记载的最后一次吴越国杭州大火，还是钱弘俶时期，具体是后周显德五年（958），这一次火灾之大，连"二十四史"中的《旧五代史》《宋史》都有记载：

丁丑，两浙奏，四月二十九杭州火，庐舍府署延烧殆尽。（《旧五代史·卷一百一十八》）

五年夏四月，杭州灾，府舍悉为煨烬，将延及仓庾，俶命酒祝曰："食为民天，若尽焚之，民命安仰！"火遂止。世宗闻之，遣内侍赍诏临问。（《宋史·卷四百八十》）

《十国春秋》对此的记载更为详细：

夏四月，辛酉，城南火延于内城，官府庐舍几尽，王（钱弘俶)出居都城驿。壬辰,旦,火将及镇国仓,王亲率左右至瑞石山,命酒祝之:"不谷不德,天降之灾,仓廪积储,实师旅之备也,若尽焚之,民命安仰?"乃令从官伐林木以绝其势,火遂止。(《十国春秋·卷第八十二》)

这次大火造成的损失空前惨重,连钱弘俶本人都一度没有地方住,只能住驿馆,同时又"罪己"自我检讨为政之德,为此,当时中原后周朝廷的周世宗柴荣都下诏慰问。

关于吴越国时期都城杭州5次火灾(实际或不止此数),从史料记载看,因为没有组建专门的扑救力量,因此普遍造成了不小的损失。另外,由于"善事中原,保境安民"国策影响,吴越国几乎每年都要花费巨资供奉中原朝廷和皇帝。所以,火灾频发,烧毁府库,对吴越国国家财政的影响是显而易见的。值得注意的是,火灾多数发生在钱弘俶时期。由于当时中原各朝——后周、北宋日益强大,统一全国的趋势初现,吴越国的生存压力不断增加,火灾次数增多,客观上也是吴越国官民百姓心态焦虑的现实反映。

解读

自然灾害首先会影响社会稳定,严重者还会动摇国本,领导者必须对此高度重视。客观地说,吴越国钱氏诸王对火灾的处理相对较好,折射出的是其朴素的"民本"意识。不过,钱弘俶时期火灾频发,又没有专业的扑救力量,还是给我们留下了深刻的历史教训。

◎第十一讲　纳土归宋：体面的下岗转制

北宋太平兴国三年（978），吴越国在这一年走到了历史的终点。当年五月，钱弘俶向北宋太宗赵光义进献吴越国版图、军队、人口，北宋实现对吴越国的和平统一。该事件在历史上具有划时代的重要意义：中国古代改朝换代、江山一统无不以刀光剑影、生灵涂炭为惨重代价，但吴越国的"纳土归宋"开创了古代和平统一的先例。这让当时吴越国境内的 55 万余户黎民百姓避免了战火荼毒，也为后来长江三角洲上升成为中国经济中心之一奠定了重要基础。这也说明，国家的统一是人心所向，是不可阻挡的历史潮流。

一、"纳土归宋"的要义

需要明确的一点是，"纳土归宋"是今人对吴越国主动向北宋纳土的提法。《资治通鉴》《宋史》《吴越备史》等述及吴越国史的主要历史文献，对这一事件的称呼仅有"纳土"，而无"归宋"。甚至还有"吴越献地""纳土归总"等提法。有关纳土归宋，其主要经过是这样的：

公元 978 年,吴越国的宿敌南唐已在三年前亡国,北宋完成了对吴越国北面、西面、南面的合围,吴越国的结束只是时间问题。

这一年二月,为保住吴越国,钱弘俶携带更为厚重的贡赋,再一次入京朝觐宋太宗赵光义,但未收到效果,北宋群臣反而纷纷要求宋太宗扣留钱弘俶,迫使其纳土。钱弘俶身边之人大多强烈反对纳土,《续资治通鉴长编·卷十九》在述及此事时,称:

左右争言不可。

但钱弘俶认为,吴越国除纳土已别无选择。

因此,到五月,他就将一军十三州之地,共有 86 县、550680 户人口、115036 员兵士,上表献于宋太宗。宋太宗封钱弘俶为淮海国王,世子钱惟濬为节度使兼侍中,其余诸子亦均有册封。据《宋史》记载,当年七月,钱氏宗室"缌麻"(古代丧服名,用以表示血缘关系远近)以上家眷和各级官吏,乘船走水路前往汴京,宋太宗命沿线官兵行护送之责。北宋朝廷共授原吴越国宰相以下 2500 余人官职。至此,吴越国宣告结束。

二、吴越国和北宋的关系

吴越国和北宋的关系,是建立在吴越国和黄河流域"五代"朝廷关系基础之上的。具体又以后周世宗柴荣在位期间(954—959年在位)为界——在此之前,吴越国名义上向北方朝廷称臣并纳贡,但北方并无约束吴越国的实际能力,双方各取所需:中原因战乱而经济凋敝,急需物资给养;吴越国经济实力雄厚,但缺少安全感。所以在数十年间,两者相安无事。

吴越国的这一做法,还是来自"善事中原,保境安民"思想。吴越国地处东南,没有中原王朝俯瞰中原的地理优势和政治优势。荀子曰:

> 王者,必居天下之中。

因此,钱镠从初步统一浙江开始,就主动承认中原王朝为正朔。我们所熟悉的《武肃王八训》《武肃王十训》,都贯穿了钱镠的这一"事大"思想:

> 予志佐九州,誓匡王室。
> 凡中国之君,虽易异姓,宜善事之。
> 如遇真主,宜速归附。

到钱弘俶在位时,由于中原朝廷政权如走马灯般更替,因此他先后向后汉、后周和北宋施行臣礼。频率不可谓不高,心意不可谓不诚。

但后周世宗柴荣即位后,着手开始实施统一全国的战争。吴越国就被纳入后周的战争轨道,不仅较之以往加倍贡赋,还多次参与后周的灭国战争。吴越国事实上成为后周朝廷在两浙的分支机构。公元960年,赵匡胤代周建宋后,"越宋"关系在"越周"关系基础上延续了下来,并进一步得到强化,吴越国的"自主权"越来越小。

1. 吴越国生存环境的恶化:助宋灭南唐

吴越国生存环境的真正恶化,是从与北宋联合出兵南唐,北宋、吴越联军灭亡南唐开始的。

公元975年南唐灭亡后,吴越国的北、西、南三面皆被北宋包围,北宋对吴越而言具有不容抗衡的政治、军事优势,国家的终结成为定局。

2. 赵匡胤之死:吴越国地缘政治形势进一步恶化

赵匡胤作为北宋开国皇帝,虽是"篡"得的帝位,却在历史上享有极高的声誉,很大程度上要归功其宽大仁厚、乐善好施的个人品格。

但是,其弟赵光义(原名赵匡义,即位后又更名为赵炅)就不若其兄长这般宅心仁厚了:毒死后蜀、南唐降主孟昶、李煜,强幸李煜"小周后"等一系列有损帝王道德权威的事件,都是赵光义的"杰作"——即便是赵匡胤的死,后世史家也普遍认为和赵光义制造的"斧声烛影"有关。

钱弘俶起初上奏章,请朝廷解除自己吴越国王、天下兵马大元帅之职,取消"寝书诏不名"(即北宋皇帝称呼钱弘俶不称姓名,只称呼官职,这是封建社会的荣宠待遇)之制,条件是只要能放其回去,但被宋太宗驳回。

北宋皇帝变脸如此之快,这恐怕也是钱弘俶没有想到的。出于保全钱氏一族和两浙百姓的考虑,钱弘俶最终选择以和平的方式结束吴越国,成就"纳土归宋"的千秋佳话。

三、"纳土归宋"的历史影响

综合以上分析,对于"纳土归宋",我们可以得出两种结论:一是"纳土归宋"有"迫于形势"的成分;二是"纳土归宋"是钱弘俶力排众议的结果。但是,"迫于形势",也可以理解为"适应形势"。识时务者为俊杰。韩信曾流落街头,受胯下之辱;司马迁曾蜷身囹圄,受宫刑之苦;姜太公曾手持牛刀,为人屠宰谋生;百里奚曾挥舞牛鞭,为人放牛……无数勇者,都有过"迫于形势"的经历。

宋太宗对钱弘俶的纳土归宋,给予了高度评价。

> 诏曰:卿世济忠贞,志遵宪度。承百年之堂构,有千里之江山。自朕纂临,来修觐礼,睹文物之全盛,嘉书轨之混同。愿亲日月之光,遽忘江海之志。甲兵楼橹既悉上于有司,山川土田又尽献于天府。举宗孝顺,前代所无。书之简编,永彰忠烈,所请宜依。太平兴国三年五月六日。(《宋史·宋太宗允纳土诏》)

诏书虽然免不了是一篇"官样文章",但其中的"愿亲日月之

光,遽忘江海之志"等字句,还是不难看出赵光义内心喜悦之情。事实上,钱弘俶做出这一决策,对后世的影响也是明显而巨大的:

一是保全了吴越钱氏家族。纳土归宋后,吴越钱氏受到北宋王朝极高的礼遇,造就了日后家族的枝繁叶茂、生生不息。成书于北宋初年的《百家姓》,"钱"姓被排在第二位。从宋、元到明、清,钱王后裔一脉始终书香绵延,代有人才涌现,仅两宋时期就出了320位进士。到了近代,更是人才井喷,有"一诺奖、二外交家、三科学家、四国学大师、五全国政协副主席、十八两院院士"之美誉:科学泰斗钱学森、钱三强、钱伟长,教育家钱基博、钱玄同、钱钧夫,国学大师钱穆、文学大家钱锺书等,无一不是吴越钱氏后裔。因此,社会公认吴越钱氏家族是"千年名门望族,两浙第一世家"。

二是赢得了后世高度评价。明代万历年间首辅大臣朱国桢(1558—1632)在评价钱弘俶"纳土归宋"时,指出:"完国归朝,不杀一人,其功德大矣!"北宋大诗人苏东坡更是为旌表钱王功德而撰写《表忠观记》:"吴越地方千里,带甲十万,铸山煮海,象犀珠玉之富甲于天下。""其民至于老死,不识兵革,四时嬉游,歌鼓之声相闻,至于今不废,其有得于斯民甚厚。""纳土归宋"的影响力,甚至远播海外——朝鲜高丽时代(918—1392)的重要史书《三国史记》就记载:"(钱弘俶)其有功于朝廷,有德于生民甚大。"

三是奠定了江南富庶基础。吴越国纳土归宋,在客观上有利于社会历史的发展,更有利于苍生黎民的生活稳定,为我国长三角经济千年来的稳定繁荣发展,起到了积极的促进作用,为两宋时期杭州成为"东南第一州"和"上有天堂，下有苏杭"的开拓与发展做出了历史性贡献。列宁曾经有一句话："判断历史的功绩，不是根据历史活动家有没有提供现代所需的东西，而是根据他们有没有比他们的前辈提供了新的东西。"比照列宁的这段名言，联系"纳土归宋"的前后历史来看，吴越国和以钱镠为代表的历代钱氏国王，对浙江及长三角发展的贡献是不能被忘记的。

解　读

　　纳土归宋，保全一方，本质上是吴越国统治者在面对国家、百姓、家族去留的问题上，以大局利益为重，做出的正确决策。这要求领导者在重大决策问题上，要善于听取各方面的不同意见，以事实为依据做出科学决策。一把手权责第一，但是不要搞"一言堂"。

◎第十二讲　礼遇和礼节:归宋后的钱弘俶

要研究吴越国钱王文化,还是有必要将其前面的唐朝、后面的宋朝连起来看,这样才有大局观,才有历史视野。

可能因为宋太祖建立宋朝时所做的"不杀士大夫"的祖训,宋朝对前朝及同期南北方各割据小国末代之君的态度也是最好的。虽然还是有后蜀皇帝孟昶、南唐后主李煜死于非命的惨遇,但大多数小国的最后一任君主归附北宋后(不管是自愿的还是被迫的),都得到了优待。如南汉的刘𬬮、荆南的高继冲在投降北宋后都活了10年左右。和唐朝中后期不少死于宦官、权臣之手的皇帝相比,也和自己本朝的末代君主——被掳往北方的宋钦宗、宋徽宗和跳海的南宋幼帝相比,宋朝对待亡国之君的态度可谓"仁政"。

宋朝优待降国君主,最典型的例子莫过于优待吴越国钱弘俶。史书记载了钱弘俶纳土归宋的当年(978)的一次中元节灯会:

> 是岁秋七月,中元节,汴京张灯,宋帝令有司于王(指钱弘俶)宅前设灯山,陈声乐以宠之。(《十国春秋·卷第八十二》)

寥寥一句话，信息量却着实不小。首都办灯会，宋太宗特意命有关部门在汴京钱弘俶府邸前设灯会分会场，而且规模还不小（"灯山"）。这说明什么呢？恩宠，而且还不是一般的恩宠（"宠之"）。

有人认为，钱弘俶在纳土归宋后，爵位先是"淮海国王"，后来变成"许王"，最后变成"邓王"，是一降再降，宋太宗有意羞辱之。此言差矣。

为了安置钱弘俶，宋太宗特意将扬州行政建制提升为"淮海国"，这才有了钱弘俶这位"淮海国王"，级别不变，生活待遇则更为优厚，还授原在吴越国任职的 2500 余人为大宋官员，实现了在家天下背景下的"一荣俱荣"。

至于许王、邓王等"一字王"，原则上更是封给皇子皇孙的，如赵光义在继位前为"晋王"，赵光义之弟赵廷美为"魏王"。将钱弘俶封"邓王""许王"，是宋太宗赵光义对钱弘俶高度信任的表现，是认可钱弘俶这个"钱家"与他"赵家"是"一家人"。

这离不开钱弘俶的谨小慎微：

四月，（钱弘俶）从（宋太宗）征太原（注：指北汉，当时位于今山西地区的一个国家，是为"十国"之一，俶小心谨恪，每晨趋行阙，人未有至者，必先至，假寐以待旦。上知之，谓俶曰："卿已中年，宜避风冷，自今入谒不须太早

也。"特辍御前二大烛以赐之,令先赴前顿。上尝赐从臣
食于中路顿,并赐卫士羊臂、卮酒,观共饮啖。上见其雄
壮,因顾俶,俶进曰:"所谓'如虎如貔、如熊如罴'者也。"
（《宋史·卷四百八十》）

这里讲了两件事,一是钱弘俶跟宋太宗去攻打北汉国,途中,
钱弘俶每天侍朝,别人未到时,他早已先到了;为了早到,还假睡等
到天亮,这样勤勉,连太宗也看不下去了,劝他说:"你也是中年人
了,宜避风寒,不须太早。"另一件是奉承太宗的卫士吃羊腿喝酒,
说这就是所谓"如虎如貔、如熊如罴"的样子,讨太宗欢心。

从政治需要上看,钱弘俶为了保持"臣对君"的礼节,也不得不
这样做——他不会不知道"淮海国王""许王""邓王"等优厚的政治
待遇其实不能当真。宋太宗要他一同出征打北汉,一起参加一统
中原的进程,既是夸耀武力,更是试探自己。这个时候的钱弘俶,
有多少是真心诚意,又有多少是做戏表忠,后人已很难揣测。但
是,要做到"假寐以待旦",可见需要多少辛苦。如此殚精竭虑,更
是对"如遇真主,宜速归附"祖训的深刻理解与践行。

归宋后的 11 年,钱弘俶始终恪守臣礼,最终得到了历史的肯
定,比如苏东坡因写"反诗"引发"乌台诗案"而被贬黄州,但他却并
未因为给"地方割据政权"撰写《表忠观记》而在政治上有任何"不
良影响"和损失——这也证明,宋朝皇帝真的是把纳土归宋的钱弘
俶和吴越钱氏当成"自家人",不然,《百家姓》中"钱"为什么能排在

第二位呢?!

解 读

　　守规矩,自然不会吃亏。钱弘俶在纳土归宋后还不忘恪守臣礼,纵然有自保的因素,但对钱镠祖训"如遇真主,宜速归附"的真切理解和遵循,才是其获得宋朝礼遇和后世高度评价的关键因素。

◎第十三讲　错综复杂：钱弘俶去世之谜

北宋端拱元年（988）八月二十四日凌晨——《钱氏家乘》称为"四鼓"，大约是现今的凌晨两点，在前一晚生日宴会之后，大宋王朝"邓王"钱弘俶去世，虚龄 60 岁。由于钱弘俶去世和出生为同一天——八月二十四日（但《吴越备史·卷四》中作八月二十五日），且又是"一甲子"，鉴于当时的宋太宗赵光义有杀害南方各小国君主的"前科"，因此，后世有人认为，钱弘俶也是被宋太宗毒杀的。最有代表性的论述，莫过于这一段：

　　宋邵伯温曰：南唐李煜以太平兴国三年（978）七月七日卒，吴越王钱俶（注：公元 960 年北宋建立后，钱弘俶自改名"钱俶"，以避宋太祖、宋太宗之父赵弘殷名讳）以雍熙四年（987）八月二十四日卒，二君归宋，奉朝请于京师，其卒之日，俱其始生之辰。太宗于是日遣中使赐以器币，与之燕饮，皆饮皆卒，盖太宗杀之也。余按野史，李后主以七夕诞辰，命故妓于赐第作乐侑饮，声闻于外。太宗闻之大怒。又传其小词有"小楼昨夜又东风，故国不堪回首梦魂中"之句,由是怒不可解。是李之祸,词语促之也。
因记钱邓王有句云:"帝乡烟雨锁春愁,故国山川空泪
眼。"其感时伤事,不减于李。然则其诞辰之祸,岂亦缘是
耶?(《五代诗话·卷一》)

这段话,后来被作为指证钱弘俶死于宋太宗毒杀的主要依据。
但仔细分析,其实也有诸多值得推敲之处。

自北宋开宝九年(976)钱弘俶第一次进汴京朝觐宋帝到988
年去世,13 年中,宋太祖、宋太宗每年都会赐钱弘俶生日礼物,从未
间断。

开宝九年(976),八月,宋敕遣吴越进奏使任知果归
钱塘,赐国信及俶生辰礼物。

太平兴国二年(977),闰七月,己酉,宋遣翰林学士、
都承旨李昉赐钱俶生辰礼物。

太平兴国三年(978),丙午,宋帝遣内使赐钱俶生辰
礼物。

··········

雍熙四年(987),八月,宋帝又遣中使王首宿至,赐俶
生辰礼物,并抚问。

端拱元年(988),八月,丁丑,宋帝遣使来赐生辰礼
物。(以上引自《吴越史事编年·卷五》)

钱弘俶每年过生日，都能得到宋朝皇帝送来的礼物，这在当时是非凡的荣耀。除了第一次是宋太祖所赐之外，后面12次都是宋太宗赐予。宋太宗对钱弘俶的关心可见一斑，找不到和钱弘俶有"嫌隙"的确凿依据，两人之间的关系绝非孟昶、李煜等因战败被俘的国君可比。直到钱弘俶去世当年的生日，宋太宗依旧送来了生日礼物，所以宋太宗没有理由非要让钱弘俶在这一年死。

实际上，钱弘俶患有"风眩"（类似于今天的高血压）之症10余年。对此，有关史料均有记载：

开宝九年（976），二月，辛丑，王次宝应，宋遣引进使翟守素赐王汤药。

太平兴国五年（980），夏，四月，王以风疾乞假，宋帝遣御医中使一日三至第。（以上引自《十国春秋·卷第八十二》）

太平兴国五年，八月，戊戌，（宋太宗）幸钱俶第视疾，赐俶银万两，绢万匹、钱百万、金器千两。（《续资治通鉴长编·卷二十一》）

六年（981），王风眩复作，自是赐王免朝。

雍熙元年（984），春，二月，宋帝幸太乙宫，路由礼贤宅，王力疾出见于道旁。

雍熙四年(987),春,王久被病,宋帝诏免入辞。(以上引自《十国春秋·卷第八十二》)

由上可见,钱弘俶晚年身体每况愈下,宋太宗也不为难他,能免的礼数悉数尽免,可谓做到了"君臣际遇"的极致。

而且,史书中还记载了一个逸闻:

太平兴国六年(981),内臣赵海过王,探怀中药百粒以进,王(钱弘俶)方命茶,尽饵之,海既去,家人皆泣,盖有所疑也。王笑曰:"主上待我厚,中贵必良药耳!"宋帝闻之,大惊,即杖海,流之远郡。

这段话的意思是说,有个叫赵海的皇帝身边人,带了上百粒来历不明的药丸给钱弘俶。钱弘俶倒也爽快,就着茶水全给吃了。家人担心是下毒,但钱弘俶不以为然。

而且,宋太宗知道这件事后大惊,命人杖责赵海,还把他流放到外地去。因此最有可能的情况,是这位赵海和钱弘俶走得近,加上钱弘俶是两朝宋皇帝跟前的"红人",在得知钱弘俶"风眩"后主动带着药去拜访,没有恶意——退一步讲,即便真要"毒杀"钱弘俶,同一个方法岂能用两次?

关键在于,《五代诗活·卷一》中提到的"帝乡烟雨锁春愁,故国山川空泪眼"这句诗,究竟是否由钱弘俶所作,作于何时。

钱弘俶善作诗,这个历史上是有公论的。

史书上说钱弘俶曾写诗百首,著有《正本集》一部(已佚)。

"帝乡烟雨锁春愁,故国山川空泪眼"这句诗,收录于《全唐诗》卷八九九,原题《木兰花》,但仅存这两句,也就是残句。因此这句诗由钱弘俶所作,应该是没有疑问的。

但从另一个角度说,钱弘俶又是谨小慎微之人,且颇具政治智慧(不然也不会"纳土归宋")。李煜唱"虞美人"的前车之鉴他不可能不清楚,因此这组残句"帝乡烟雨锁春愁,故国山川空泪眼"到底是钱弘俶在什么时候所作,又是不是字面的意思,所指意象为何,有没有传到宋太宗耳朵里,需要文献文物资料进一步佐证。

值得注意的是,有关吴越国历史的主要文献《吴越备史》《十国春秋》等,均未提到这组残句。

至于《五代诗话》,由于这是清朝人所作的一本笔记体文学类著作,历史价值和"史书"相比还是有一定差距的。所以,倘若没有新的有力证据证明这首诗是钱弘俶60岁生日时或稍前所作,那么根据平时宋太宗、钱弘俶二人"君臣"互动的实际情况,钱弘俶死于宋太宗毒杀的说法便不能完全采信,毕竟,钱弘俶晚年身体状况一直较差。在那个年代,能活到60岁已经是高寿老人了。

解 读

钱弘俶的死因,历来有着截然对立的看法。实际上,研究历史还是要用证据说话。对于一时难以有定论的,可从人性角度来推定判断。

第三篇

细节·智慧

钱镠首先是政治家，然后是吴越国的开国君主，最后才是出色的军事家。

在"民为贵"思想的指引下，钱镠及历代钱王推行一系列惠民、利民之政，经济得以发展，社会得以稳定，国家得以久安。这其中，就隐藏着点点滴滴的人生智慧。

◎第一讲 钱镠的成功之道

钱镠出身卑微，凭借着出色的军事才能获得唐朝皇帝赏识，其建立的吴越国为后世 1000 年的浙江暨长三角地区发展奠定了坚实基础。从贩卖私盐到一方之主，钱镠和他的吴越国无疑是那个时代成功的典范。成功的方法有很多，如果在创业阶段片面强调整齐划一，可能会扼杀活力；而在守业阶段若讲个性，也可能适得其反。本文就钱镠的成功原因发表若干直观见解。

一、顺应潮流是钱王成功的必然

钱镠年轻时便胸怀大志，性格豪放，和一般农家子弟不同。据《旧五代史》等史料记载，小时候他经常指挥小伙伴们玩打仗的游戏，大家都很佩服他，这说明钱镠从小就有一股为人领袖的潜质。长大后他将豪气付诸行动，16 岁那年走上了贩卖私盐的道路。按《钱氏家乘·武肃王年表》中的提法，叫"无以奉高堂，乃贩盐谋生"。应该说，这段经历对他影响很大，首先他练就了一身好武艺，因为晚唐对贩卖私盐处罚极重，他得随时应付官兵；其次是走南闯北，见了世面；再次就是在贩卖私盐过程中结识了一批人，比如猛将顾全武,用今天的话说就是积累了一定的人脉资源,为而后自立门户起兵奠定了基础。

安史之乱是唐代由盛转衰的转折点,到钱镠这代人,大唐已经在下坡路上颠簸了一百多年,但表面威望仍在。可是当吟出"满城尽带黄金甲"、同样是贩盐出身的黄巢振臂一呼后,唐朝的统治立刻面临灭顶之灾。通观当时局势,有广大百姓对腐朽统治的不满,有地方实力派的夺权图谋,总之"乱"是那个时代的关键词。对此,《全唐文·吴越国武肃王庙碑铭》等史料就记载,钱镠曾发出"丈夫须当拨乱平奸,岂可怀安端坐"的豪言。

浑水摸鱼要不得,能把浑水变成一池清水才是真本事。黄巢率起义军攻入长安建立大齐,但因新政权政治、经济政策的严重错误导致其不得人心,最后兵败自杀;董昌运气不错,杭州刺史和越州观察史两大肥缺几乎是送上门来的,且也得到了唐朝廷的封赏,但他最终做了本不应该做的皇帝梦。其他诸如稍早于黄巢起事的王仙芝及代唐称帝的朱温等,都因为经不住胜利的考验而身败名裂。

与他们相比,钱镠善于审时度势。他出奇计智退黄巢,并谦虚地把功劳让给董昌。当时朝廷让董昌做杭州刺史,而只让钱镠做都指挥使,表面上钱镠是吃亏了,但实际上,由杭州各县原有乡民自卫武装组建而来的"八都兵"的实际指挥权由此就落到钱镠手中,这支军队后来成为钱镠平定两浙的主要力量。纵观钱镠晋封吴越王后的 25 年,吴越国政治、经济、国防方面都取得了显著成绩。人民求稳定、社会求发展，是古往今来一条颠扑不破的铁律。凡顺应这一历史潮流的历史人物，必然会得到历史的垂青。

二、联合战线是钱王成功的法宝

如果在和平时期，和钱镠相比，董昌可能更有机会出人头地。因为钱镠在唐光启三年（887）入主杭州以前一直是董昌的副手，且董昌也曾得到过唐朝皇帝恩宠，获封陇西郡王衔。应该说，董昌的政治起点要比钱镠来得高。可在乱世中，情况就不同了，董昌不善于团结可以团结的力量，且眼高手低，最后身败名裂。而钱镠则审时度势，建立了一条对付当前敌人的联合战线，得以发展并巩固了自己的势力。这一特点具体表现在以下方面：

钱镠在史书上的评价不错，这个大家都知道。他能打拼出手下谋士如云、猛将如林的壮观阵容，很大意义上是因为钱镠在当时的舆论界口碑不错。青壮年时期的钱镠心态积极，为政宽厚、礼贤下士是其优良仁政。尤其面对那位上哪儿都不受待见的才子罗隐，"镠爱其才，前后赐予无数"，让人感觉到钱镠的气度和雅量。这在充斥着杀戮、动荡的五代十国是少有的，钱镠逐渐成为中原和有识之士竞相拉拢、投奔的对象。

钱镠为人不重面子，只要对自己有利，就会联合一切可以联合的力量。唐昭宗大顺二年（891），流寇孙儒攻赶走了淮南军阀杨行密，"旌旗亘百余里，号兵五十万"。不得已，杨行密向钱镠求救。按理说，钱镠即便趁机把杨行密杀了，在名誉上也不丢分。

报仇图一时之快是匹夫都能做的事,问题是,报仇后对自己有没有好处？不能"杀敌一千,自损八百",这是有经验的政治家不得不考虑的。所以,钱镠同意出兵帮助杨行密解围也就不难理解了。但是,成熟的政治家没有无缘无故的爱和恨,对争当霸主的钱镠来说同样如此。这一次"以敌制敌"的战争,钱镠的回报是苏州的失而复得。这样,"吴越"国号中"吴"字就有了确切含义——苏州是春秋时期吴国的都城,是吴地的中心城市。

联合战线,甚至以敌制敌是钱镠军事思想中很重要的一项内容。应该说,吴越国经济社会发展比较快在很大程度上都得益于钱镠从一开始就制定的"善事中原,保境安民"国策,形成了以发展生产为主,同时尊崇中原大国以保国家安全为辅的良性格局。但也应当看到,这还和钱镠及其四位继任者将这一"法宝"运用得当、践行到位不无关系。

三、意志坚强是钱王成功的依靠

白手起家的钱镠之所以能成大事,除了自身所具备的出色能力,他坚韧不拔的意志力也是重要因素。但凡强者,往往在面对突发情况、困难时都能处变不惊、泰然处之,由此穿越一处又一处暗礁,直到胜利。

钱镠临危不乱,对突发事件应急处理得当。唐昭宗天复二年(902),武勇都指挥官徐绾、许再思在钱镠的统治中心杭州发动叛乱,还邀请名义上为杨行密下属、实际却自成一派的宣州军阀田頵里应外合。一方面,钱镠洞察到杨行密和田頵之间的深刻矛盾,听从顾全武之计,派儿子钱元璙一同前去向杨行密求援,随后杨行密果然"命頵解兵";另一方面,杭州城内靠着成及、马绰(恭穆马王后之父)和八都兵旧部等忠于自己的人的倾力支持,叛乱才得以平定。

钱镠在对外事务中也依靠着坚韧不拔的意志,将主动权掌握在自己手中。在击溃董昌势力前,钱镠一般亲自出征,之后会派部将、儿子代为前往,但亦有亲征,且基本为胜绩。由于总体采取攻势,钱镠在大小战争中多占有优势。在和杨行密、董昌两线作战的情况下,还顶住了军事压力,占有湖州、苏州、婺州、衢州、温州、处州等地。说到底,实际工作中的情况是不断变化的,要取得长久、稳定的进步,不怕物质变化,也不怕执行者的变动,只怕决策者想法的游移不定。

四、军队建设是钱王成功的条件

唐末五代是一个弱肉强食的时代,硬实力通常比外交手段来得更直接有效。所以在当时要想有所作为,都必须高度重视军队建设。唐懿宗咸通十三年(872),21岁的钱镠结束了为期5年的贩盐生涯,开始"训练义师,助州县平溪洞"。所谓"溪洞",指的是山贼、土匪。唐朝末年,社会动荡不安,人人皆奉自保为要策。问题是,招兵买马必须得用大把金钱做铺垫,钱从哪来的呢?有观点认为,贩卖私盐带来的高额利润,极有可能是第一笔募兵资金。一个

"助"字,点出钱镠已是这支"义师"的长官了。就是这样,钱镠在人才迭出、竞争获胜的社会剧烈转型时期,悄悄地迈出了实现人生理想的第一步。

智退黄巢之役提高了钱镠的知名度。时任淮南节度使的高骈召董昌、钱镠赴驻地广陵(今江苏扬州)面谈,事后还上表朝廷任命董昌为杭州刺史,钱镠为都指挥使。由于董昌在领兵打仗方面不在行,故钱镠就拥有了这支规模约 20 万人的杭籍土著兵团"八都兵"的实际指挥权。

不过,这支名义上以临安县石镜都为首的八都兵一开始并不是一支组织严密的军队,表面公推领袖虽是董昌和钱镠,但各都人马还是听命本都都将。而自董昌、钱镠进入杭州,尤其是唐僖宗任命钱镠为杭州刺史以后,原有的权力分配格局就被打破了。

对此,钱镠首先清除了不听命于己的盐官县海昌都和钱塘县钱塘都都将,稳定了外部局势;其次,在攻王郢、灭刘汉宏等大小战役中,钱镠基本亲自指挥,靠常胜的战绩在八都兵心目中有力地树立了威信,聚拢了内部人心;再次,分八都兵为十三都。唐景福二年(893),钱镠主持修筑杭州罗城(外城),据《资治通鉴》记载,是时钱镠"发民夫二十万及十三都军士筑杭州罗城,周七十里"。可以认定,能对原本派系繁杂的八都兵进行大规模改编,表明钱镠已经牢牢控制住这支军队,手里有了外拒强敌、内保平安的绝佳条件。

五、人才重视是钱王成功的根本

现代社会什么最重要?人才。不仅现代如此,在钱镠生活的年代同样如此。在茫茫人海中，必有身怀一技之长的人，若能为己所用，必将迸发不可思议的能量。后梁开平四年（910），钱镠回到家乡临安，席间高唱的《还乡歌》既满怀对家乡父老的眷恋，也浸润乱世英雄的一股子豪气，还表达了内心对帐下人才济济的欣喜之情。钱镠在东征西讨、建立吴越国的历程中，十分注意搜罗各类人才，这是他事业成功的根本性因素。

首先是钱镠能够识人。比如罗隐本是失意文人，顾全武原本为与世无争的出家人。后来，罗隐既是秘书，也是谋士；而顾全武则成长为吴越国的一代名将。

其次是钱镠用人不疑。唐天复二年（902），钱镠部将徐绾、许再思在杭州举兵叛乱。危难之际急需援军，将领顾全武建议向宿敌杨行密借兵，并提出："请择诸公子可行者。"——两国缔约，多用王子、公主等宗室成员作为人质派往对方国家，这是中国古代特有的契约形式。钱镠敢把儿子性命托付给顾全武，这需要对所用之人高度了解与信任。

再次是钱镠善于纳谏。他并不盲目听从下属意见，而是有所甄别。当罗隐作诗"若教生在西湖上，也是须供使宅鱼"，隐喻有官员为讨好钱镠强迫西湖渔民给王府交"使宅鱼"时，钱镠明白这是为他挽回民心。

《武肃王遗训》指出："每慨往代衰亡，皆由亲小人远贤人、居心傲慢、动止失宜之故。正所谓德薄而位尊，智小而谋大，未有不遭倾覆之患也。尔等各守郡符，须遵吾语。"这是钱镠明确向继任者及子孙提出用人方面的要求。他看中的是手下人提建议的质量和国家前途,而非自己的面子。可以说,钱镠帐下"满堂花醉三千客"盛况的出现,不是偶然的。

六、后方稳固是钱王成功的保障

钱镠从公元887年受命主政杭州,到907年基本实现一军十三州的吴越国版图格局,扛住这整整20年征战的,是大后方杭州地区的劳动人民,至少在初期是如此。常识告诉我们,战争中人、财、物的消耗都会很大,只有拥有一个可靠、坚实的后方基地,前线才有可能取得一个又一个胜利。

在稳固后方方面,钱镠比较突出的政绩是:调动大批人力、物力修建钱塘江捍海塘,史称"钱氏捍海塘",在之后的百年间杭州附近再无潮患;组建一支"撩湖兵"疏浚西湖,到钱弘俶当政时,还"大阅舰舻于西湖";鼓励民间从事丝织业,重视官营丝织业,招徕北方流民来杭从事丝绸生产;从釉色、胎质、器型等方面提升越窑青瓷、秘色瓷生产,除供奉中原需要外,积极出口至日本、朝鲜等国,换来丰厚的经济收入。得益于钱镠"善事中原,保境安民"国策的指引,在当时外部战乱频仍的环境下,吴越国社会总体安定,水旱灾害大为减少,农业、手工业都有了一定发展,出现了苏轼所说的"象犀珠玉之富,甲于天下"的壮观景象。

解 读

领导力修炼的核心内容在于统筹（整合资源）、用人（善于用人），而关键又在于一个"借"（借势借力）字。钱镠以布衣崛起为一军十三州之主，成功的核心无非也是这两条。联合战线的战略、自立门户的韬略、运筹帷幄的谋略、机智灵活的策略，都是"统筹""用人"的深化与拓展。

◎第二讲　不轻易被左右

　　每一位领导者,必须要有让大家眼往一处看、心往一处想、力往一处使的能力和魅力。特别是正职领导者,于理来说更是单位的一面旗帜。在基层工作中,由于时间紧、任务重,需要解决处理的问题多,各方面价值需求多元化,不可能做到事事如愿,总有人不满意。那究竟怎么样做才好呢? 不妨来看看吴越钱氏的经验。

　　在记载五代十国暨吴越国历史最为全面、最为权威之一的史书《十国春秋》上,写了两位吴越国钱氏宗室成员为官期间以问题为导向,且做事不为下属、身边人所左右的事,他们在"好官"的职业要求和"好人"的道德维度之间,最大程度做到了统一,或可作为当今加强和改进领导者能力建设的参考与借鉴。

　　第一件事,是一心为公,对不良现象敢抓敢管。

　　到了钱镠孙子这一代,大多数人都是"弘"字辈,即在名字中带有"弘"字,如吴越国"三世五王"中的后三位钱弘佐、钱弘倧、钱弘俶等,莫不如此。但也有例外者,比如钱仁俊(906—?)。钱仁俊不是钱元瓘的儿子,但据《资治通鉴》记载,他后来过继给钱元瓘做了养子。也许因为和钱元瓘无血缘至亲,因此更能在一些涉及吴越国钱氏王族的重大问题上,保持一种公正和超然的态度。钱镠有子38人(一说32、39人),《全唐文·大唐故天下兵马都元帅尚父吴越国王谥武肃神道碑铭(并序)》中说钱镠"麟趾公子,不下百人",这其中一大半当为其收养的义子。纵观吴越国历史,或因五代十国乱世的大背景,虽然没有明文规定,但是"立贤不立长"以保障政权交接的高质量是吴越国王位传续的一大鲜明特征。自钱镠以后的四位国王,无一是嫡长子出身。

不过这样一来,有的公子就有了想法:既然不是老大登位,你上和我上有什么区别呢?毕竟,自周代开始,国家继承人的择选就有"立长不立贤"的传统,这样可以保证权力交接的有序性,防止统治集团内部倾轧。在钱元瓘时代,这方面比较突出的是钱镠第九子钱元球和第十二子钱元珦,据《十国春秋》《吴越备史》等史料记载,他们两人一直对钱元瓘继承大位心怀不满,并暗中联络。

卧榻之侧,岂容他人(即便是自己的兄弟)鼾睡?这是保证古代封建社会政权稳定的一条铁律。钱元瓘是钱镠临终钦定的接班人,在他看来,两个弟弟的行为当然是不能容忍的。最终于后晋天福二年(937),钱元瓘以杀钱元球、钱元珦兄弟结束了这场宗室内部的政治纷争。放到1000年前的封建社会,钱元瓘这样做也是为了国家社稷,于情于理皆可理解。在那个时代,因兄弟斗争导致国破家亡的例子不胜枚举,王审知建立的闽国、马殷建立的楚国,皆亡于手足阋墙。在儿女情长和国家安危之间毅然选择后者,也是钱元瓘作为一名成熟政治家的具体体现。

事后，钱元瓘顺藤摸瓜调查与钱元球、钱元珣有密切来往者，一时间，朝廷上下牵连甚广。为此，钱仁俊就向父亲进谏："昔光武克王朗，曹公破袁绍，皆焚其书疏，以安反侧，今宜效之。"举了东汉光武帝刘秀灭王朗、曹操破袁绍后均焚手下人和敌对方暗通书信文牍、对当事人概不追究的例子，说明身为领导者应有容人雅量。在遇到人心浮动、不利于团结稳定大局的棘手局面时，钱仁俊能科学、冷静地分析局势，对不良现象敢抓敢管，可见其胸怀一颗为公之心，其性不好争如此。

第二件事，是一身正气，让借机生事之人没有市场。

钱元瓘第二子钱弘偁（913—966）虽然不是钱元瓘的亲生儿子，但以仁厚、通晓为政之术著称，常以诗文自娱，下亦不敢欺，因而后世史家多认为他是钱元瓘四个养子中较为出色的一位。钱元瓘在位时期，钱弘偁先后任上直副兵马使、检校尚书右仆射、东府安抚使等重要职务。到钱弘佐即位，吴越国成功占领福州，增强了地缘政治优势。

但是，版图的扩展并不能马上带来人心的归附，福州土著政治势力和吴越国本土官员将帅之间屡有互相诬陷告状之事。为此，钱弘偁对左右说："人各有憾，诬构一启，疑惧交至，岂国家推心怀远之道邪！"对这些告发之词不予理会。他对新归降地区和本国故地的人保持同等距离，一视同仁，不因为"自己人"比较熟悉，而对他们的意见不辨真伪、一概全信；也不因为福州地方官员"刚刚来"，而对他们的呼声充耳不闻。不听虚而责响，不视空而索影，钱弘儇相信清者自清、浊者自浊，部属自然有分辨是非、处理判断能力，这让借机生事之人没有市场，不让有不良企图之人左右自己的思想，所以成功避免了传言四起、告密横行的局面出现，从而进一步营造了风清气正的政治环境。

《道德经》中说："信言不美，美言不信；善者不辩，辩者不善；知者不博，博者不知。"真话一般不好听，好听的往往非真话；善良之人不为自己辩解，巧舌如簧的往往不善良；真正有学问的人不以"博学"自诩，一知半解的人以为自己无事不知，到处晃荡半桶水。今天，领导者在遇到"公说公有理，婆说婆有理"，以至于各种互相矛盾、冲突的信息汇集到案头的时候，不妨学学钱仁俊、钱弘儇叔侄的态度与做法。有时候，思想被左右、被牵着鼻子走，或搞无原则的一团和气、剜肉补疮，容易掉入别人设好的陷阱，自己也失去了应有的公正。姿态高一点，让事实和时间说话，正确的结论也就不难得出。

解　读

　　领导者要维护自身信誉，必须做到公正分明，不偏听偏信。对社会不良现象，敢抓敢管；对官场吏治问题，重拳整治。执纪有威信，社会才能稳定。

◎第三讲　敢于担当

钱元懿（886—951），字秉徽，是钱镠的第五个儿子。因此说起来，他的辈分要比他的弟弟，吴越国第二代国王钱元瓘（钱镠第七子）还来得大。在"立贤不立长"的五代十国乱世，像他这样不若钱元瓘那般有着显赫军功以服人的公子，一般来讲是没有继承大统的可能的，不过这并不妨碍钱元懿在史册上留下属于他的一笔。

史料显示，他曾担任镇海军右直都知兵马使，授安国衣锦军防遏指挥使、检校兵部尚书等职。据史料记载，他在睦州做刺史期间，做了这样一件事：有段时间，城里每天晚上要突发好几场大火，民间苦不堪言，地方官员穷于应付，但畏于"神灵"不敢轻举妄动。关键是，当地有个巫师总能精准"预测"下一次火灾的时间和地点，且在之后一一应验。

身为睦州地区最高长官，钱元懿闻报拍案而起，立马给事件定性："火为巫言，巫为火也。"意思是"火灾被巫师言中，那么巫师就是火源！"断然下令将巫师抓起来斩首，很快莫名的大火就消失了。

钱弘偡（929—966），字惠达，是钱元瓘的第八个儿子。这里有必要说明，在钱弘偡之前，钱元瓘已有钱弘僎、钱弘儇、钱弘侑、钱弘佐 4 个养子和 40 岁时才有的第一个亲生儿子（排行老五）钱弘傅和后来吴越国的第三任国王钱弘佐（钱元瓘第六子），因此钱弘偡事实上从出生那一天起，就注定了今生只能做一个逍遥王爷。按照这样的模式推导，钱弘偡应该对政事不感兴趣，也没有政绩可言。而在史书上，他却以通晓为政之道著称，善作诗，多有佳句。

钱弘偡 18 岁就出任湖州刺史。到任未几，有个巫师爬上官衙前的大树，以鬼神之语忽悠吓唬百姓。

古代社会对自然现象的认知程度是很低的，巫师兴风作浪，必然扰乱社会秩序，统治者决不能任由此种现象发生。钱弘偡纵然年轻，但却不乏政治眼光，就像他的伯父钱元懿那样，在研判局势后，果断做出回应，说："妖由人兴。"命人用弓弩对准巫师。后者果然求饶，钱弘偡对其施以杖刑，从而在湖州树立了威信。

钱元懿和钱弘偡，是吴越国宗室的两位普通成员。在家天下、"化家为国"的时代，他们没有选择在国都杭州城内夜夜笙歌，而是赴外地担任"一把手"，到基层锻炼，主动把自己摆在了矛盾冲突和交汇的焦点上。从历史角度看，这既是吴越国中央政府政局稳定、握有人事权的明证，也是钱氏裔孙积极有为的代表。平心而论，这两人生活在父亲、祖父钱镠的背影下，在历史上的知名度不算高，但是他们在困难面前没有因为仕途无望变得无所事事、思维固化，而是敢于接手、敢于亮剑、敢于硬碰硬，不困顿萎靡，不做"太平官"，体现的是一种领导者的担当，因此今天的我们，仍然应给这叔侄二人点个大大的赞。

解 读

权力就是责任,责任就是要有担当。勇于担当是一个人意志品质的体现,只有勇于担当的人才能做出一番大事业,更好地践行使命,实现自己的追求与梦想。吴越国时期两位宗室钱元懿和钱弘偡在地方官任内维护社会秩序,巧断疑案,体现了他们在国家大义面前的担当精神,值得今天的领导者学习。

◎第四讲　善于用人

深入挖掘一些存世史料,我们不难看出钱镠的用人风格,其中不少仍具有现实意义。

一、任人唯贤

> 罗隐,余杭人(注:罗隐实为今富阳区新登镇人,新登在唐代叫新城,是一个县,隶属杭州府余杭郡,故罗隐有时被当作余杭人)。诗名于天下,尤长于咏史,然多所讥讽,以故不中第,大为唐宰相郑畋、李蔚所知。隐虽负文称,然貌古而陋。畋女幼有文性,尝览隐诗卷,讽诵不已,畋疑其女有慕才之意。一日,隐至第,郑女垂帘而窥之,自是绝不咏其诗。唐广明中,因乱归乡里,节度使钱镠辟为从事。(《旧五代史·罗隐传》)

司马光在《资治通鉴》中指出:“为治之要,莫先于用人,而知人之道,圣贤所难也。”考察历史,古代但凡所谓明君大多都知道人才的重要性，但真正善于用人的帝王则屈指可数。从这段《旧五代史》对罗隐的描述看，罗隐起码有两个显著特点：恃才傲物，相貌丑陋。这首先导致他官场失意，其次也使之错失成为宰相女婿的机会。"自是绝不咏其诗"，意为宰相郑畋的女儿起先对罗隐深表仰慕，但看到罗隐本人后，便再也不读这位之前"偶像"的诗，厌恶之情跃然纸上。而钱镠敢于将这样一位并不受社会待见的在野文人揽至麾下，说明其用人不以社会评价和长相性格为衡量标准。有人会说，既然宰相郑畋、李蔚也赏识罗隐，何不录用？这当中，有罗隐喜欢"讥讽"而不为当时官场所容的因素，另一个可能是唐代选拔官吏讲究"身言书判"，所谓"身"即是对候选官员的外观相貌有要求，所以罗隐怀才不遇有个人失误，亦有体制原因，是以钱镠用人能跳出旧有模式值得一提。入钱镠幕府后，或为报恩，原本可能埋没于乱世市井的罗隐主要扮演类似魏征的谏臣角色，不乏冒犯主上的言辞，但钱镠皆怡然不怒、从谏如流。

二、用人不疑

天复二年，封镠越王。镠巡衣锦城，武勇右都指挥使徐绾与左都指挥使许再思叛，焚掠城郭，攻内城，镠子传瑛及其将马绰、陈为等闭门拒之。镠归，至北郭门不得入。成及代镠与绾战，斩首百余级，绾屯龙兴寺。镠微服逾城而入，遣马绰、王荣、杜建徽等分屯诸门，使顾全武备东府，全武曰："东府不足虑，可虑者淮南尔，绾急，必召淮兵至，患不细矣。杨公大丈夫，今以难告，必能悯我。"镠以为然。全武曰："独行，事必不济，请择诸公子可行者。"镠曰："吾尝欲以元璙婚杨氏。"（《新五代史·钱镠传》）

欧阳修在《新五代史》中对五代十国的评价是"五代，干戈贼乱之世也，礼乐崩坏"。这在素以平静、祥和、富庶著称的吴越国同样难以避免。这段文字讲的是发生于唐昭宗天复二年（902）的徐绾、许再思之乱。两人都是钱镠下属，叛乱起于杭州，故如何应对危机是检验钱镠领导能力的试金石。后来的史实证明，徐、许之乱得以被快速平定，钱镠弯下腰、俯下身听取顾全武意见，派儿子当人质借兵之举功不可没。

三、知人善任

（成）及字宏济，钱塘人。祖克平，唐嘉王府长史。父贞，国子博士。及性纯厚，为乡里所知。光启初，江浙兵乱，及保聚于富春称静。（《九国志·卷五·成及传》）

及字宏济，与镠同事攻讨，谋多出于及，而镠以女妻及子仁璙。（《新五代史·钱镠传》）

有这样一首哲理小诗《杂兴》："骏马能历险，犁田不如牛。坚车能载重，渡河不如舟。舍长以就短，智者难为谋。生材贵适用，慎勿多苛求。"诗文浅显易懂，作者顾嗣协是清朝人，但其总结的用人道理在钱镠身上倒是体现得较为全面。成及（847—913），吴越国名将，他和钱镠的关系堪比韩信之于刘邦、关张之于刘备。武将成及出身于书香门第，祖父成克平是唐代嘉王府的长史，相当于今天地市二把手；父亲成贞是国子博士，相当于今天国立大学教授。成及本人性情淳厚，但从"江浙兵乱，及保聚于富春称静"一句来看，他也有较为出色的领导能力和军事能力。人无全才，史书实际上并没有记载成及在文化造诣方面有多大成就，尽管其祖辈、父辈皆为高级文官，倒是提及他在乱世中举兵保卫乡里的故事。同时代的临安人钱镠，必然也对成及这位出身于杭州的"本土人才"军事才能略知一二，故充分发挥其优势来为己服务，尽管钱镠本人的领兵作战能力在五代十国时期已首屈一指，不过遇事还是经常和成及商量，表示出对后者才能的高度重视。下大力气了解、熟悉身边人的长处，以期实现文者用其智、武者任其勇、仁者使其德的境界，这不仅是成大事者创业、守业的必需，也是人才个人能力施展、潜力发挥的必需。

四、公私分明

（钱镠）又时弹铜丸于楼墙之外，以警直更者。一夕，微行，叩北城门，吏不肯启关，曰："大王来亦不可开启。"

明日，召吏厚赐之。（《十国春秋·卷七十八》）

这段文字讲的是，钱镠经常向城楼上打弹弓以提醒值勤士兵。有一天晚上，钱镠微服私访，要求北门看守开门，看门人员回答说："就算是大王来了也不能开！"

相传，周武王姬发曾咨询姜子牙如何才能治理好国家，姜子牙回答："贤君治国，不以私害公，赏不加于无功，罚不加于无罪。"可见，有功必赏，有罪必罚，是古往今来颠扑不破的管理法则。正确运用奖惩，才能让团队全体成员凝心聚力地向着共同的目标前进，而钱镠也正是这么做的。身为一个领导者，如何处理面子和里子的矛盾？工作需要和上下等级若发生了碰撞，钱镠认为后者要让位于前者。在他看来，尽忠职守显然比所谓特事特办来得重要。赏罚的尺度，不以是否逢迎自己为标准。仅从上述这段文字来看，钱镠遵循的是奖励为主、惩罚为辅的原则。

古代敢冲撞帝王，那是不折不扣的杀头灭族之罪，但钱镠还是要把这个守门人作为正面典型加以树立宣传，这叫正能量；而碰到执勤人员懈怠的，钱镠以弹弓这种另类方式提醒，也体现出"点到为止"的思想，毕竟惩罚作为负能量，对下属的工作鞭策远不如奖赏来得鼓舞人心，这叫讲方法。在赏罚问题上把握有度、施之其地、张弛有道，钱镠不失为一个用人理念超越时代的领导者。

解　读

　　"为治之要，莫先于用人，而知人之道，圣贤所难也。"钱镠是五代十国时期一位出色的统治者，能让尽可能多的人才为己所用。他任人唯贤、用人不疑、知人善任、公私分明，有周公、曹操用人之遗风，呈现出卓越领导者的风范。

◎第五讲　唯才是举

　　科举制度自隋朝创设后的 1400 年间,源源不断地为历朝历代输送了大量人才。和同时代西方贵族世袭相比,不失为一种科学、合理的官员选用机制。近代 19 世纪后期西欧兴起的文官考试风潮,在一定程度上也正是借鉴了中国古代的科举制。但应当看到,这种倾全国之力举行的考试,和政局稳定、社会发展等客观因素密切相关。因为在古代社会,一旦遇上战乱和其他天灾人祸,考试能否如期开考,以及保证考试本身的公平性就会出现问题,钱镠所处的晚唐、五代十国时期便是如此。有资料显示,以钱镠成年后为界,唐朝廷曾经两次停办科举,分别是唐懿宗咸通十一年(870)和唐僖宗中和五年(884)。之后从公元 907 年唐朝灭亡到 960 年北宋建立的 54 年间,后梁、后唐、后晋、后汉、后周各个朝廷先后因政局动荡、战乱频仍等因素停举五次。而在南方十国,明确记载实行过科举的仅有南唐(吴)、闽、南汉等少数几个当权者自称为皇帝的国家。

　　这其中,钱镠创立的吴越国也没有实行科举制,这一点为当代部分专家学者所诟病,认为是时代的倒退。但仔细推究,钱镠不称帝、"不以易姓废事大之礼"的政治遗嘱,可能就是不搞科举的深层缘由。从当时的法理层面看,钱氏三世五王登基都要经中原王朝册封,吴越国是中原在两浙地区的派出机构,钱镠若再行科考,容易授人以柄。所以,吴越国近百年历史中适当强调科举制之外"唯才是举"的软性指标,风行举荐的用人模式,并将其固化。由此,钱镠身边集聚了一大批在乱世中报国无门的能人志士,当时取其最著名的四人罗隐、沈崧、皮光业、林鼎,誉为"四宾客"。

因举荐而获钱镠重用最为后世津津乐道的例子,还是罗隐。罗隐年长钱镠 19 岁,虽以诗文知名,但也许是他不适应科举考试的行文模式,按照《吴越备史》的说法,"凡十上不中第"。具体他是不是参加了十次科考并不重要,但罗隐在考场上屡战屡败定为事实,他自己在《投秘监韦尚书启》一诗中坦言的"十年索米于京都,六举随波而上下",便是其苦涩心态的真实流露。不得已,罗隐走上了自荐、求人举荐的道路。但又因"恃才傲物,尤为公卿所恶"而名声在外。

唐光启三年(887),钱镠就任杭州刺史。这一年,55 岁的罗隐来投。《唐才子传校笺》称:"镠爱其(指罗隐)才,前后赐予无数。"后来的事实证明,罗隐为钱镠效力的 20 余年间,确实不辜负钱镠的期望,用自己的如椽巨笔、铮铮谏言,做了不少利于民生的事情。后梁开平四年(910),罗隐以 78 岁高龄去世时,钱镠还难过地作下一首《题罗隐壁》诗,称"黄河信有澄清日,后代应难继此才"。

与罗隐的故事相仿,钱镠礼遇吴仁璧(? —约 901)也值得一提。说到这里，就不能不提到"吴仁璧事件"。吴仁璧是唐昭宗大顺二年（891）进士，并于同年来到杭州，而且一待就是 10 年。前文说到，由于唐季、五代政局混乱，并不能保证科举考试的稳定性，所以唐末出身的进士也就成了当时的稀缺人才。

据现有史料分析，先后在吴越国生活或出仕的唐末暨后梁王朝进士有 8 位，吴仁璧就是其中之一。吴仁璧抵杭后，无以谋生，钱镠闻其名，曾经两次主动联系他，第一次是请教天象，第二次是请入幕府任职，均遭拒绝。但身为一方之主的钱镠在这样一个落魄文人面前即便多次碰壁，也没有故意刁难。但后来为什么会发生"吴仁璧事件"呢？

唐昭宗天复元年（901），钱镠母亲水丘氏去世，对母亲极为孝顺，并经常背着母亲登高观景的钱镠，备足厚礼请吴仁璧撰写墓志铭，没想到又遭拒绝，这终于引起钱镠的极大不满，暴怒之下，将吴仁璧沉江杀之。这一事件，成为后世部分封建史家抨击钱镠的依据。不过平心而论，钱镠是在多次被拒的情况才做出的过火行为；吴仁璧自视过高，才是事件发生的根源。当时罗隐已在钱镠身边供事，钱镠偏偏就愿请吴仁璧为母亲水丘氏撰写墓志铭，也许就是看中了吴仁璧的进士身份，而这也从侧面证明钱镠"礼贤下士"是发自内心的。

钱镠不仅乐于接受有才之人的举荐，为了更好地为国家储备人才，还向自己的继承人举荐别人。比如"四宾客"之一的林鼎（891—944），就是钱镠亲自向自己第七子，即日后的文穆王钱元瓘推荐的。林鼎是福建人，起初在钱元瓘下任职，钱元瓘爱慕其才多次向钱镠举荐，但都没有得到任用。据《十国春秋》记载，有一次，钱元瓘又向父亲举荐，钱镠说："鼎骨法非常，真辅相器。然我不骤贵者，欲汝贵之，庶尽心于汝也。"意为林鼎骨法不寻常，是真正的宰辅之才，我不马上用他，是想着你能用好这个人，让他尽心为你效力。这段话事后是否为林鼎本人所知晓，尚不见记载，但可以猜度的是，钱元瓘即位后，林鼎能官拜丞相，且但凡国家政事有不妥之处，都挺身而出，谏言而无忌讳，很可能就是为了报答钱镠、钱元瓘父子的知遇之恩。

约与此同时，钱元瓘"置择能院以选士，俾（沈）崧主之"。沈崧（863—938）是唐昭宗乾宁二年（895）进士，是活跃于吴越国的8位前唐进士之一，深受钱镠、钱元瓘父子的重视，亦曾为吴越国丞相，由其主管的"择能院"，大约是模仿唐代"集贤院"旧制，为一专门负责国家文献典藏、撰修的机构，兼有选拔、储备后备干部的职能，本质上，这是对自钱镠时代便形成的"唯才是举"观念的进一步制度化，避免了举荐过程中可能产生的"说你行你就行，不行也行"的弊端。由此，理性和人性两者得到最大限度的契合。一项制度好不好，实践是最好的检验标准。吴越国能成为五代十国时期立国最久、经济最富庶、社会最安定的一国，就是评价钱镠"唯才是举"这一用人法则的最好回答。

纵观中国历史，隋唐以后，最重要的国家制度莫过于科举制。五代十国是一个社会转型阵痛期，科举实行时断时续，便是诠释这个时代特征的注脚之一。钱镠"唯才是举"选拔人才，是对既有科举制的一种补充。当然，这一措施的出台有其客观条件，不能盲目照搬。一个王朝的初创期、上升期往往就是人才的涌现期，而到了王朝中期以后乃至末世，国家的人才储备也随之枯竭了，但是不管人才是多是寡，制度本身其实不会有很大变化。要取得长久的稳步发展，不怕时代变迁，也不怕制度能否跟上形势，只怕制度执行人的随意任性。钱镠身边能形成谋士如云、猛将如林的壮观阵容，恰恰是因为不将制度建设与"唯才是举"对立，这才是钱镠用人观的最大闪光点。

解 读

"唯才是举"是三国时期曹操的用人特色。钱镠是否仔细研究了曹操的用人经验，今已无从得知，但他的用人确有"唯才是举"的特点。受当时客观条件所限，加之钱镠也并非科甲出身，因此吴越国没有沿袭唐朝的科举制度，但这并不意味着没有用人规范。"置择能院以选士"，成为具有吴越国特色的用人制度。这说明，用人方略无高低之分，关键看能不能选出有针对性的人才。针对晚唐以来"武人干政"的弊病，钱镠积极建立文官政治，在任用罗隐的问题上，钱镠的用人艺术表现得淋漓尽致。

◎第六讲　正向激励

　　和一般人想象的不同,钱镠并非一开始就青云直上,白手创业的他也是从基层干起的。翻开钱镠的简历,从公元 875 年起兵于乡里至 887 年坐镇杭州的这 12 年间,他一直在董昌的手下担任二把手,东征西讨,积累了赫赫战功,为以后进一步发展打下了坚实的基础。这董昌也不是等闲之辈,曾被唐朝中央政府封为陇西郡王。身处群雄并起争夺天下的大争之世,为什么钱镠能后来居上,超越同乡并深得朝廷的重用,以及部下、百姓的青睐与拥戴,以至于创下吴越国近百年的雄厚伟业? 钱镠激励部下的故事,或许能带来一些启示,也是非常值得后人探究的。

　　唐天复元年(901),淮南杨行密听说钱镠已死,便趁火打劫,派部将李神福攻衣锦城(今杭州市临安区主城区),钱镠部由余姚籍名将顾全武率军迎敌。据《九国志》记载,顾全武“镠每延接与语,甚器之”,不料此战他犯了轻敌的毛病,战时李神福诈败,全武贸然追击被擒,钱镠获悉后,“惊泣曰:‘丧我良将!’”

　　18 年后的后梁贞明五年(919),吴越、吴两国军队战于无锡,此战吴越国败,钱镠部将何逢、吴建战死,“吴越王见何逢马,悲不自胜，故将士心附之"。钱镠见到殉国将领的战马，悲愤至极，将士们倍受感动。

应该说，问责不是现代法治社会的产物，在古代同样有这样的制度。一般来讲，像主帅被擒这样的严重军事失利，朝廷都要追究有关人员责任。所以有些历史剧诸如《三国演义》中"败军之将"在敌军阵营前"视死如归"，也不全然是戏剧化桥段构建需要，因为即便被释放，也要面临可怕的惩罚。

但是我们通过这两段选自《资治通鉴》的记载可以看到，钱镠不仅没有这样做，反而表现出对人才损失的极大悲恸。这是明智之举：如果此时对已狼狈不堪的残兵败将要求过于苛刻，必将招致属下极大反感。而以钱镠的做法，纵然失败也能对下属进行有效激励，为下一次成功的到来铺平道路。

所以说，像钱镠这样的团队领导之所以能成大事，除了其自身所有的出色能力，在用人、管人上亦有真本事。试想面对一次军事失利，遮丑都来不及，还能有多大战术意义可去研究？但在钱镠眼中，这是迈向成功的可靠阶梯。团队任务执行失败，如果方针政策贯彻得当，就不应对执行者求全责备。有了这样的环境，部下的积极性和创造性都能得到最大限度的发挥。

钱镠作为一代明主，自然懂得正向激励的重要性，不过如上所述，对于诸如像顾全武那样忠于自己的能臣将才，他不光施以恩惠，而且善于针对不同的情况分门别类地采取区别对待的激励措施，从而显示出其别具一格的用人观念。以今天的角度看，这带有一定的权变色彩：每个人对"激励"的理解各不相同，但不管怎么说，部下感受不到的激励就算不上激励，用合理的方式激励员工是每一个领导者必须具备的一种能力。以钱镠处理的这两起败军案为例，兵士们在打了败仗后居然还能得到肯定，会有一种被尊重感，进而会更义无反顾地为其效力。给人以宽容式的激励，能干事、想干事、干成事的员工必将在团队中崭露头角。

解 读

在干事创业的过程中，能给人以宽容式激励，知人用人；遇到挫折不苛责下属，更不随意"问责"处罚，而是首先反省自身，这说明钱镠是一个富于管理艺术的领导者。

◎第七讲　听得进不同意见

唐末、五代之际的大诗人罗隐,在他所处的年代口碑总体来说不算太好,但他和钱镠君臣二人良性互动的故事,完全可媲美魏徵之于唐太宗。《唐才子传》称罗隐"诗文凡以讥刺为主,虽荒祠木偶,莫能免者"。遇到有看不过去的,或者自认为有问题需要提出的,总想表现。从这一点上说,罗隐和早他250年的名臣魏徵是有共同点的。众所周知,钱镠在当时地方林立的诸侯中,可算是首屈一指的明主,这点罗隐想必是认可的,否则也不会向钱镠投诗以求关注、求点赞。但只要是人,总有差池、闪失甚至犯错的时候,即便钱镠也不例外,罗隐恐怕也正是这么想的。于是,罗隐进谏钱镠,而钱镠以容人之量察纳雅言,尽可能做到了"有则改之,无则加勉",成为后世称道的一段佳话。

但是,当翻阅《吴越备史》《十国春秋》等史料中的记载文字时,却发现罗隐口中的钱镠,和被我们通常誉为"千年名门望族,两浙第一世家"开创者的形象差别很大:他不是觉得钱镠不顾及民生,就是批评钱镠目光不够长远。但熟悉唐末、五代历史的人都知道,钱镠比同时代的残暴军阀岂止强数倍。而更令人称奇的是,钱镠

居然对此一笑而过,且照样对罗隐赏赐不断,倍加信任。这是什么原因? 先来看两则具有代表性案例,看看罗隐进谏是怎么说的:

> 初,筑杭州罗城,谓僚佐曰:"十步一楼,可以为固矣。"掌书记余姚(注:实为今杭州市富阳区新登镇人)罗隐曰:"楼不若内向。"至是人以隐言为验。(《资治通鉴·第二百六十三卷》)

唐景福二年(893),钱镠扩建杭州城,望着十步一楼的坚固城防工事,平日谨慎的他也不禁洋洋自得起来,认为杭州固若金汤,可罗隐此时不冷不热地说了句:"楼不若内向。"意指要提防杭州城内可能发生的变故。原文"至是"指的是唐昭宗天复二年(902)发生的"徐、许之乱"。在这瓢冷水泼出近十年后,罗隐预言成真,可见其对政治的洞察力。而钱镠在那场动乱中,史载其"几于覆国"。

> 初,节度判官罗隐劝王举兵讨梁,曰:"纵无成功,犹可退杭越,自为东帝,奈何交臂事贼。"王以隐不遇于唐,有怨心。其言虽不能用,心甚义之。(《吴越备史·卷二》)

唐天祐四年(907),唐朝灭亡,朱温代唐称帝,建立后梁王朝。作为遗民的罗隐虽未能在唐廷谋得一官半职,但出于传统士大夫的道义感,谏言钱镠不要接受后梁的册封,并起兵北伐征讨朱温。相比之下,钱镠的看法就老练得多。他在《武肃王遗训》中对此有专门回应:"余固心存唐室,惟以顺天而不敢违者,实恐生民涂炭。因负不臣之名,而恭顺新朝,此余之隐痛也。"钱镠不以书生之见轻薄罗隐,反因其忠于唐王朝而对罗隐更加敬重。

事实上,正如这两则谏言所体现的那样,罗隐向钱镠提意见、建议,往往有着看似危言耸听、不符合实际的特点,而且少有讲"场面话"的记载。因为从进谏者角度考虑,只有把事情说大、说严重才能引起受谏者的重视,罗隐也正是这么做的。但他进谏时始终能把握住两条核心原则:一是话说到位;二是忠于国家。所以这样一个四处不受待见的文人能一直备受钱镠的信任,也就不难理解了。

当然,罗隐的进谏要取得效果,钱镠的态度其实更加重要。假如钱镠傲慢自大,那么罗隐是否能在吴越国善终也未可知。他的有些措辞也许未必中听,还不一定能马上得到验证,但钱镠对此不加争辩,而是听过算数。因为他明白:一旦良言难进,则庸政必然发端,结果一定是祸国殃民,这实在是数千年中华文明史中的政治智慧结晶。或许正因为如此,钱镠在五代十国时期的用人方面才能如此独树一帜,进而赢得后世赞许吧。

解 读

　　能善于听取不同意见,择善而从;放下身段,知人用人;知错就改,收回成命,是钱镠的特质,更是古往今来一切优秀人物的必备素质。

◎第八讲　低调求生存

据史料记载,在北宋建立后,钱弘俶至少有两次亲自到汴京朝觐宋朝皇帝,这在五代十国的历史中是极为罕见的。

北宋开宝八年(975)十一月,北宋、吴越联军合灭南唐。次年正月,钱弘俶率王妃孙太真、世子钱惟濬从杭州出发,携厚礼前往北宋都城汴京朝觐宋太祖。这是钱弘俶本人第一次亲自前往中原。在汴京期间,钱弘俶得到宋太祖赵匡胤礼遇,并有在他任内"誓不杀钱王"的承诺,《宋史·卷四百八十》记载:"(钱)俶涕泣,言愿三岁一朝。"三月,钱弘俶一行离开汴京。

临行前,据《东轩笔录·卷一》等后世部分笔记体史料记载:"太祖命于殿内取一黄复,封识甚密,以赐俶,且戒以途中密观。(俶)暨归途启之,凡数十轴,皆群臣所上章疏俶自是益感惧。"宋太祖赵匡胤不愧为仁厚之君,但同时有着高超的政治手腕,将大臣要求扣留、杀掉钱弘俶的奏章特意交给钱弘俶,用现在的话讲,就是:给你一个眼神!你自己体会!

当时,北宋已完成对吴越国北、西、南三面合围,无论从战术上还是战略上,吴越国对抗北宋都没有丝毫胜算。因此,赵匡胤精心导演的这出戏，一般认为间接导致了 3 年后钱弘俶的纳土归宋——文无第一，武无第二，群雄逐鹿，总有个山高水低，一旦处于绝对劣势，低头实现体面交权，总比玉石俱焚要强得多，钱弘俶对这一点看得很明白。

从赵匡胤这一方来说，灭掉吴越国并非难事，但是他还是顶住手下臣僚的压力，希望用更加柔和的方式达到目的，这也是一种"低调"，展现的是一种政治家的气魄和远见。这就引出一个命题——如何才能"低调求生存"？这方面，钱镠更是高手。

"低调求生存"第一个方法：距离产生安全感。

在南唐覆灭以前，吴越国和中原原本并不接壤。以当时中原朝廷的实力，即便吴越国不向中原朝廷供奉，也拿吴越国没办法，说白了，便是"距离"二字在起作用。

远距离加上适当低头，就可以在局面于己不利的情况下保持相对的平安和独立性。当时，由于各地割据势力纷争不歇，烽烟四起，南北陆路交通常受战争阻隔。因此，吴越国要北上中原进贡、贸易，均需走海路到山东蓬莱，再通过运河抵达汴京。

> 梁时，江淮道梗，吴越泛海通中国，于是沿海博易务
> 听南北贸易。（《十国春秋·卷一一五》）

由于钱镠采取各种措施，千方百计地通过海路交好中原，因此纵然中原地区政权如走马灯般更替，却都对钱镠和吴越国关怀有

加,对于吴越国在北方沿海设立的贸易机构"博易务"支持甚多,这让吴越国获利巨大。

"低调求生存"的第二个方法,是不随意"升格"。

钱镠从始至终坚持不称帝,是极为务实和明智的做法,这和其他同时代军阀推行武力扩张、急于过一把"皇帝瘾"的做法是迥然不同的。他反对同乡、老上司董昌称帝,曾写信劝他"与其闭门做天子,不如开门为节度"。当时如吴国的杨行密、前蜀的王建、南汉的刘岩纷纷黄袍加身、建国称帝,还劝钱镠也当皇帝,可钱镠始终不为所动。

钱镠明白,一旦"升格",再难以"降格",从此只能成功、不能失败,若失败,即便再"低头",胜利者也难免心怀警惕。

在钱镠去世后 20 多年的公元 958 年,南唐禁不住后周的猛烈攻势,割让江北十四州,还去皇帝尊号,改称"江南国主",可即便是后周,抑或后来的北宋,都未曾放过这个"降格"的南唐。北宋统一后,曾僭越帝号的后蜀、南汉、南唐等国末代君主死得不明不白——只有从未称帝的吴越国钱氏一脉,受到北宋朝廷的极大礼遇。

"低调求生存"的第三个办法,就是不把鸡蛋放在同一个篮子里。

"不把鸡蛋放在同一个篮子里",这句话听起来很现代。但是钱镠实际上早就将这一思想运用在其外交政策中——"善事中原",又称"事大"政策,不是钱镠一人凭空想出来的,更不是吴越国一国独有。但是其他同样奉行"事大"的国家不注意和周边邻国交好,将"事大"作为唯一的保命符。但国与国之间从来都是以"利益"为最高交往准则的,因此南方各国之间一旦有事,往往是中原朝廷坐收渔利,"事大"政策体现不出预期的效果。

相比之下,吴越国不仅"事大",也极为重视"睦邻"。吴越国虽多次和毗邻的吴国、南唐爆发战争,但却也多次主动示弱示好。如公元919年,也就是在狼山江(吴越国胜)、无锡(吴国胜)两次大战之后,吴越国主动和吴国息兵,自是双方和平20余年,直到吴国被南唐取代。吴越虽不与南汉、马楚等国接壤,但也注重与其和睦关系的构建。后梁曾以南汉"僭越"为由,下诏要求吴越国出兵讨伐,但钱镠还是借故推脱,以免引火烧身,这是十分明智的。

钱镠不仅发展与南方各小国的睦邻友好关系,还采取"远交"策略,与远隔千里之外的契丹、日本、新罗(朝鲜)、大食(伊朗)等国建立外交往来,并开展贸易活动,促进相互之间的经济文化往来,还从伊朗得到"火油"(石油)。

火油得之海南大食国,以铁筒发之,水沃,其焰弥盛。

(《吴越备史·卷二》)

这是我国最早使用石油的文献记载之一。当然,吴越国和中原以外国家交往,除了经营贸易获利,更主要的还是从国家安全考虑,一旦自身与中原王朝关系有变,便可利用契丹、新罗等国进行牵制。将石油作为武器也是吴越国的一大创举,在狼山江水战中,钱元瓘便用石油发起火攻,大败吴国军队。

总之,钱镠不将国家安全完全系于中原王朝手中,而是"事大""睦邻""远交"三管齐下,维护国内和平与稳定,减少国际摩擦、斗争,为自身生存发展创造良好条件。

解 读

低调求生存不是委曲求全,不是吃亏,而是一种智慧和勇气,是为了有一天可以让自己把头抬得更高。钱弘俶低调"纳土归宋"换来的是百姓的平安和家族的保全。钱镠的低调"事大""睦邻""远交"更是将国家安全维护到了极致!吴越国历代钱王"低调求生存"叠加到一起,为后世留下了"上有天堂,下有苏杭"的佳话与一片繁荣富庶的鱼米之乡。

◎第九讲　正确看待功劳

钱镠作为临安古代历史上最伟大、最著名的人物,除了由钱镠曾孙钱俨所著的《吴越备史》和清代历史学家吴任臣编纂的《十国春秋》有较为详细记载外,"二十四史"中的《旧五代史》和《新五代史》对钱镠着墨并不多。至于司马光编修的《资治通鉴》,因属编年体史书,较少涉及对人物的品评,所以要从这部书中了解钱镠,对于普通读者来说有不小难度。

《旧五代史》《新五代史》这两部正史没把钱镠当作特别重要的历史人物大书特书,是有原因的:一来,两书都修于北宋时期,都出自持天下一统政治立场的官方史学家之手,对于吴越国这样的地方政权自然不会过分褒扬,这是可以理解的,也可以认为是那个时代的"政治纪律";二来,北宋以"重文轻武"著称,而五代十国时期几乎所有政权的创立者都是武人出身,钱镠也不例外。所以,钱镠不为北宋官方修史者所重视,主要还是出自国家政治、文化层面考量,不涉及修史者的个人好恶。

值得一提的是,编修《新五代史》的欧阳修去世时,甚至出现"然天下之无贤不肖,且犹为涕泣而歔欷"(王安石的评价)的盛况,全国上下的人，不分阶层、政见，都为先生的去世而难过，可见其在当时巨大的社会影响力。

回到钱镠的话题，一个临安农家出身的平民子弟能坐上两浙十三州地区的头把交椅，除了众所周知的军事指挥才能，也需要一些独特的气质禀赋。钱镠让功于董昌和勇为下属承担责任的故事，或许能给我们带来一些有益启示。

在钱镠的早期军事活动中，被后人提得最多的就是"智退黄巢"。对此，《吴越备史》记载："王杀获人马而还，归功董氏。"让董昌摘了桃子。既然钱镠都谦逊让功，当时统筹江淮地区剿匪的最高领导淮南节度使就顺势奏请封董昌为杭州刺史，钱镠为杭州都知兵马使。

后梁贞明五年（919）七月，钱镠派钱元瓘领兵 3 万进攻吴国常州，两军战于无锡。这是目前能在史书上查阅到的较为少见的由钱镠主动发起的对外军事行动之一。因是陆战，吴国军队借助盛夏气温高、干旱的自然条件采用火攻，吴越军步兵遂大败。将领何逢、吴建被杀，士卒被斩首万余人。此战失利对 68 岁的钱镠震动很大，《资治通鉴》载："吴越王（钱镠）见何逢马，悲不自胜，故将士心附之。"钱镠和钱元瓘纵然能战，毕竟也是人，不可能战无不胜。打了败仗还能赢得部下的支持，就是因为最高决策者钱镠不随意推卸责任。

从以上这两则案例可以看出，在组织架构中处于什么位置，就决定了看待功劳和责任的不同态度。对此不妨简要分析一下：

　　钱镠组织兵力设奇计击退黄巢的时候，他的身份按照《吴越备史》中的说法，是"石镜镇衙内都知兵马使"，是受董昌领导的一名县团级军官。完成交给自己的军事任务后，按照当时官场上的规矩，又逢兵荒马乱的无道之世，若在呈送给上级的汇报材料中稍加渲染，那就是大功一件，再说董昌也确实没有直接参与作战，没有理由抢功。所以只要钱镠愿意，凭此功爬到老上司头上完全有可能，日后的荣华富贵似乎近在眼前。但他没有这么做，而是将功劳让给自己的上司。也许他所秉持的原则就是"补台"而不是"拆台"。在功名利禄面前不动心，是很难能可贵的职业精神。

　　古语云"上不与下争利，下不与上争名"，钱镠自动让功是他的事情，董昌不应该随随便便地爽快接受。但是没有查到这方面记载，也就是说，董昌很有可能就是这样心安理得地无功受禄了，由此可见其人品和政治眼光。

　　公元919年无锡之战时，钱镠已贵为吴越王，和近40年前相比已完全不同。钱镠不仅要为自己的行为负责，还要为团队乃至整个国家负责。是你派军队出境作战失败，不管是不是直接参与指挥，都要担起领导责任。由此可见，一位合格的领导者，首先是能为执行任务的下属承担责任。假如以"功劳是自己的，责任是下面的"为信条，那么这样的组织一旦遇到突发情况，能否挺过难关就有疑问了。事实上，钱镠历次亲征和吴越国历任钱氏国王指挥的战事中，面对吴国、南唐等强敌依然取得胜多败少的战绩。以"善事中原，保境安民"为最高国策的吴越国还有一支强大的军事力量，"不想战而不怯战"，历任钱王敢于认领责任或许就是制度保障之一。

五代十国虽然是乱世，但因为是新旧价值观、制度体系交替的时代，所以也是人才涌现的黄金时代。能在《旧五代史》《新五代史》《旧唐书》《新唐书》中留下一页的，都是社会精英，哪个人的成功经验罗列不出十七八条来？都说"知其然需知其所以然"，之前一谈到钱镠，主要关注其打造"上有天堂，下有苏杭"的治国成就，对于他为什么，能够把吴越国打造成为唐宋之间的人间乐土，有必要进行进一步探究。

解 读

上不与下争利、下不与上争名，是钱镠对待功劳分配问题的一大特点。这背后折射的是钱镠的务实和理性，并能够处理好根本利益和次要利益之间的关系。

◎第十讲 平衡名与利

唐广明元年（880），盐帮首领黄巢将唐僖宗赶出长安后，各地涌现出不少具有贩卖私盐经历的地方实力派，这当中就有年仅29岁的临安人钱镠。经过战场血与火的考验，钱镠等一批背景不算显赫的人进入唐朝内部，后来晋级为多个地方朝廷的首任君主。最终的掌权成绩单中，是钱镠的吴越国荣膺唐宋之间、林立藩国中的长寿冠军。

朱温于907年灭掉唐朝，但他所创立的后梁仅立国17年。唯有吴越钱氏，见证了整个五代十国的变迁。后世包括今天对于这一历史现象，有不同的看法和见解。本文认为，以钱镠为代表的吴越国统治集团，善于精准定位自身核心利益所在，将"名"和"利"两枚砝码圆熟运用，并精心呵护来之不易的平衡——这或许正是解读钱镠领导艺术的密钥所在。

到公元9世纪末，威信对唐王朝来说是种稀缺资源，可在朱温带头前，地方各路诸侯实力派们谁也不敢公然当皇上。但是，当时的越州观察使董昌未能洞悉当时的政治局面，悍然于895年在越州建立董氏小朝廷。这也导致了后世对董昌、钱镠这两位临安人的评价截然不同。

在此之前，两浙已形成钱镠、董昌分领浙西和浙东的态势，故而钱镠对一江之隔的董昌不可能视而不见。如何破解老上司制造的称帝难题？倘若坐观其变，不会遭受"以下犯上"的道义指责，但也将错失壮大自身的大好时机；而如果去讨伐董昌，能得到可观的利益（兼并浙东）；可要是缺少唐朝中央的授权而径自出兵，虽仍能击败董昌，声望却可能因此而败坏。

钱镠就此事召集幕僚开会："董氏，昔吾乡党也，今吾邻藩也。其丰功茂绩，崇名厚禄，又吾所以赞成也。今采听妖妄，甘心叛乱，吾受朝廷将相，当征兵以讨之。"钱镠首先在内部做了思想动员，指出自己有责任去讨伐同乡的不义之举。

而董昌也着实成不了事。《新唐书》记载，董昌在越州期间，"或小过辄夷族，血流刑场，地为之赤"，动辄以杀人、灭族为乐。故钱镠举朝廷大旗剿灭这个政权，不仅能提升在皇室的威信，还可得到除暴安良的美名。

历史经验表明，但凡起于王朝末世的英雄人物，多半身怀两项独到功夫：一是能够帮助皇帝解决生活（甚至关于保命）的困难，二是善于适时维护皇帝的权威。

钱镠上报董昌谋反后，唐昭宗下诏："赖浙西节度使钱镠与诸司等皆忠诚愤激，壮节坚高。"一边下诏剥夺董昌官爵，一边火线提拔钱镠为政府军统帅（浙江东道招讨制置使）。

黄袍加身并不容易，要脱下来更不可能情愿。或因如此，董昌面对昔日下属钱镠的"兵谏",他寄希望于花钱买和平；然而"兵谏"蓄势待发,便又拉上淮南军阀杨行密助阵。结果,钱镠仅用9个月便击败了这支临时拼凑的董杨联军,董昌被杀(一说自杀)。

在和杨行密的超限战中,钱镠对"利"的执着同样有所展现：他将杨行密始终视为劲敌,正所谓"不谋全局者不足以谋一域,不谋长远者不足以谋一时"。要是像钱镠一样已经"谋长远"了会怎样？答案是：在大政方针(当然前提是决策正确)不变的情况下,便于及时提出新的任务,牢牢掌控局势的主动权。

若论克敌制胜,钱镠有三大著名的法宝,分别是"此术止可一举""除恶务尽"和"以敌制敌"。"以敌制敌"说的是有个叫孙儒的流寇攻陷扬州后,赶走了时任淮南的军阀杨行密。杨行密当然不甘心,又挪窝宣州(今安徽宣城),可孙儒兵锋再指宣州,"旌旗亘百余里,号兵五十万"。不得已,处境窘迫的杨行密向离己最近,但又是冤家的钱镠发出求救。

即便痛打杨行密这条落水狗,钱镠在名誉上也不丢分,而他还是替人做拦洪坝了,"出糇粮甲兵以助之",并"出师会宣州兵,败孙儒于宣城"。但从本质上讲,古代合格的政治家没有无缘无故的爱和恨,对争当霸主的钱镠来说同样如此,也合乎情理。

帮助杨行密的回报,是苏州的失而复得。钱镠在世时,吴越国"一军十三州"包括"安国衣锦军"(今杭州市临安区)及杭、润、常、苏、湖、睦、越、明、台、温、婺、处、衢(润州、常州不实际控制)；到最后一位国君钱弘俶接手时,"十三州"含第三任国君钱弘佐在位时出兵占有的福州，以及从苏州派分而出的秀州（今浙江嘉兴）。不管如何，这样一来，"吴越"国号中的"吴"字货真价实：毕竟，苏州曾是春秋时期吴国的都城，是吴地的中心城市。

古代的改朝换代，历来是枪杆子开路、笔杆子跟进的综合较量结果。有人以为钱镠只是靠卖盐暴富、用惯拳脚的乱世枭雄，但实际上，他"喜读春秋"，"兼治武经诸书"，可以说是同期各国君主中文化和管理涵养最高的一位，无论从哪一个方面来看，钱镠在政治艺术方面的表现可圈可点。因此，钱镠这方面的历史经验，值得今天的我们借鉴。

解 读

击溃董昌，重新据有苏州是钱镠建立吴越国过程中最重要的两步。这段历史让我们重温了一句古语：得道多助，失道寡助。

◎第十一讲 善待"老资格"

吴越国统治集团内部相对稳定,是其有别于同期各国的一个显著特点,也是其得以历经整个五代十国数十年风雨的关键所在。不过,吴越国毕竟是乱世中的第一个地方政权,政治上不可避免地会受到武人干政这一五代十国大环境的影响。最知名的例子,便是第四任国君钱弘倧在国君任上被废。《十国春秋》《资治通鉴》等史书上提到的"废王",指的就是钱弘倧。因其被一名叫胡进思的老资格将领所废,因此史称"胡进思之变"。

后汉天福十二年(947)六月,钱弘佐去世,时年20岁。因其子钱昱年幼(5岁),无法处理政事,因此遗命由七弟钱弘倧继位。钱弘佐、钱弘倧皆出生于928年,是为钱元瓘第六子、第七子。因此,钱弘佐以"兄终弟及"而非"父死子继"完成权力交接,是符合乱世特点的,国有年长之君(哪怕只是相对而言),会从根本上有利于维持国家和政权稳定。

但是,钱弘倧性格急躁,处事不讲究方式方法,又对其兄钱弘佐宽纵部下的做法不甚满意,急于改变这一局面——突出表现,便是和历经钱镠、钱元瓘、钱弘佐的三朝元老,内衙军(亲兵部队)将领胡进思的矛盾白热化。

胡进思是怎么样一个人呢？他是今天的浙江湖州人，早年以屠牛为业，因科考屡不中第，因此投奔钱镠帐下。他生于公元858年，仅比钱镠小6岁，因此可视作钱镠同辈人。《湖州灵昌庙记》记载："（胡进思）容貌雄伟、目光如电……从钱武肃王镠军中，累功拜内衙统军使、兵部尚书左丞。"公元902年，钱镠亲兵部队"武勇都"哗变，进攻杭州。钱镠不得已，派第六子钱元瓘赴淮南娶宣州军阀田頵之女为妻，以削弱叛军实力，实际上就是放钱元瓘到敌方做人质。胡进思随同前往，历经各种危险与冲击，全力保护钱元瓘安全，由此深得钱镠赏识。

钱镠去世后，嗣位的钱元瓘为报救命之恩，封胡进思为大将，后又任其为右统军使，继续长期执掌军队。到了钱弘佐时期，因钱弘佐本人年幼，需干练老臣辅佐，胡进思深得宠幸。在帮助钱弘佐巩固执政地位方面，胡进思发挥了较大作用。故而胡进思一时权倾朝野，威势显赫。到钱弘倧在位当年（947），钱弘倧20岁，胡进思90岁。这在1000年前的五代时期，就是曾曾祖和曾曾孙辈的年龄代差——好一位高寿的老资格将领！

这位胡进思，已经具有今天意义上的"老资格"的诸多要素：工龄长、年龄大、经验足、对事业忠诚。因此，在幼主钱弘倧面前摆一摆"老资格"，恐怕也是在所难免的。但钱弘倧是如何对待这位"老资格"部下的呢？我们从以下这两段史料中，或可管窥一二：

（钱弘倧）大阅兵于碧波亭，方第赏，进思前谏以赏大厚，倧怒掷笔水中曰："以物与军士，吾岂私之，何见咎也！"进思大惧。（《新五代史·吴越世家》）

民有杀牛者，吏按之，引人所市肉近千斤。（钱）弘倧问进思："牛大者肉几何？"对曰："不过三百斤。"弘倧曰："然则吏妄也。"命按其罪。进思拜贺其明。弘倧曰："公何能知其详？"进思踧踖对曰："臣昔未从军，亦尝从事于此。"进思以弘倧为知其素业，故辱之，益恨怒。（《资治通鉴·第二百八十七卷》）

仔细分析这两则史料：第一则，是说钱弘倧大阅水军，对将士们大加赏赐，胡进思作为老臣进言，建议赏赐不能太过丰厚，但钱弘倧火气上涌，随手就将笔扔进水里，并诘问道："我难道是私自给将士们吗？"意思是，国家的东西赏赐与否还不是我说了算？

第二则史料，是说有老百姓私自杀牛卖肉——古代为确保农业生产的正常秩序，在多数时期，政府都禁止民间宰杀耕牛，吴越国也不例外。因此，杀牛是非法的。然而，钱弘倧还是明知故问地问胡进思"一头牛大概有多少斤肉""您是如何知道的"等，这类言辞让胡进思认为是钱弘倧在侮辱自己曾经干过杀牛的非法行当。

可以发现，钱弘倧在面对一个90岁的老臣胡进思时，其言行充满了冲动与幼稚。

　　本来，钱弘倧为加强中央集权遏制武人势力，压一压"老资格"将领的气焰，在当时的政治背景下无可厚非，甚至是必要的。但是，他除了在言语上侮辱胡进思，并没有其他实际行动，更没有精密谋略来贯彻他加强中央集权的思路。反而，命宫廷画师画《钟馗击鬼图》，试图"过把瘾"——久经官场的胡进思一定猜到了钱弘倧的心思，一看情况不对，就利用自己在军队中的深厚根基和影响力，先下手为强，废钱弘倧，轻而易举实现权力更迭。

　　这场"胡进思之变"，给后人留下了有关如何领导"老资格"部下的经验教训。在日常工作中，有的领导者也确实会碰到下属比自己年纪大、资历比自己深厚的情况。那么，作为年轻的领导者，该如何领导好"老资格"的下属呢？

　　老资格的同志，往往具有比较丰富的工作经验，同时对本单位的情况也比较熟悉。因此，年轻的领导者要看到老同志的这一点优势，看到他们的特长，尊重他们的经验。遇事能主动和老同志商量，虚心请教，从而调动他们的工作积极性。

　　有些年龄大的老同志，可能对一些问题的看法认识不完全能跟得上时代的发展，甚至有失偏颇。对此，年轻的领导者一定不能学本文中的钱弘倧，逞口舌之快，而是要放下架子，主动找老同志谈心，做到小事看胸怀，大事看担当，既讲原则，也讲民主。鼓励有余力的老同志发挥余热，当好单位的"传帮带"。届时，一定会"霞光万丈平地起"，为单位的发展贡献意想不到的价值。

解　读

　　钱弘倧没有理性、务实地处理好和"老资格"下属的关系，在处理家国问题上态度冷酷。在位仅半年就被废黜，是其咎由自取。但是，胡进思以下犯上，绝非一个合格下属的榜样。在这方面，钱镠对待名士、大臣优待有加，同时宽猛相济，务实、理性地处理当下利益和长远利益的关系，确实高人一筹。相比之下，钱弘倧没有乃祖的风度和灵活。

◎第十二讲　照章办事

古往今来，有国必有臣。吴越国能成为五代十国时期立国最久者，证明文武百官和国君能上下同心、勠力为国。如钱镠、钱元瓘时期的陆仁章，就是这样一位大臣。

睦州人陆仁章，年少时家境贫穷，但胸怀大志。后到钱镠的府邸中做了一名园丁，但仍然不为人所知晓。

一次偶然的机会，钱镠注意到一段时间以来门前屋后的花木修剪得十分精致。一打听，是一位叫陆仁章的新来的园丁修剪的。于是，钱镠将这位园丁纳入自己的幕府，作为幕僚以备用——钱镠的用人，有其独到之处。

后梁开平三年（909），正值第二次苏州之战期间。吴越、吴两国军队交战，吴国精锐部队尽出，强攻吴越国苏州，将苏州围了个水泄不通，是陆仁章临危受命，用计潜入苏州城中里应外合，由此大败吴国军队。经此一仗，陆仁章深得钱镠赏识。

在钱镠时期，陆仁章官至两府军粮都监使、内牙指挥使，已是吴越国军队的高级将领，是国君的贴身护卫。

钱镠去世后，钱元瓘即位。史书上记载了这么一个故事：

（钱元瓘）方与兄弟同帷行丧，仁章进曰："令公嗣先
王霸业，将吏旦暮趋谒，常与诸公子异处。"（《十国春
秋・卷第八十六》）

钱镠去世后，钱元瓘还像做世子时那样，和同胞兄弟们在同一
个帐下共处，陆仁章就提出来了："您继承先王基业，将领官员谒见
无数，您不能和其他公子在一起。"——这句话的意思是，您不能总
是和您的兄弟们在一起，不然官员到底是向您汇报工作，还是向您
的兄弟汇报呢？

有人可能会问，为什么作为一国之君之后的钱元瓘，不能和他
的兄弟手足们在一起？我们无从得知，但"君君臣臣父父子子"应
该是陆仁章的考虑——《论语・颜渊》："齐景公问政于孔子。孔子
对曰：'君君、臣臣、父父、子子。'"

春秋时期齐景公问孔子如何治理国家。孔子说："做君主的要
像君的样子，做臣子的要像臣的样子，做父亲的要像父亲的样子，
做儿子的要像儿子的样子。"春秋时期的社会变动，使当时的社会
价值观受到破坏，弑君父之事屡有发生，孔子认为这是国家动乱的
主要原因。

所以他告诉齐景公，"君君、臣臣、父父、子子"，恢复这样的等
级秩序，国家就可以得到治理。

五代十国时期和春秋时期相似，都是大动荡的时代，各国弑君
篡位之事屡见不鲜，唯有吴越国是个例外——所以，陆仁章提醒钱

元瓘要"异处",实际上就是当时情况下的"讲政治"。

面对陆仁章的劝解,钱元瓘深以为然。陆仁章就命人另行安排营帐供钱元瓘单独使用,并告诉外界"自今惟谒令公,禁诸公子从者,无得妄入",并扎实做好警卫保障工作。

说到钱元瓘,他的储君之位并不是钱镠早早定下的,是钱镠晚年有意传位时才确定的名分。所以,越到钱镠晚年,给钱元瓘逢迎拍马的人也越多。只有陆仁章"人如其名"——仁义尽节,照章办事。钱元瓘即位后,陆仁章如实表明他的态度:

> 先王在位,仁章不知事令公。今日尽节,犹事先王也。(《十国春秋·卷第八十六》)

虽然陆仁章说话不是很讲究语言艺术,但事实上,钱元瓘从来没有为难过这位"硬骨头"臣子,反而对他照章办事的态度赞叹有加。在钱元瓘时期,陆仁章先后担任衢州刺史,累官保大军节度使、同参府相事,做到了吴越国"人臣"的极致。后晋天福四年(939),陆仁章平静去世。

解读

明智的领导者都欣赏照章办事的下属,不会因为这类人"不会讲话"而心生嫌隙。一心为公、为民、为国的人,不会被亏待。陆仁章的一生,很好地诠释了这一职场真理。

◎第十三讲　董昌的失败教训

在临安的古代历史上，有 4 个人被列入"二十四史"，他们分别是《新唐书》中的董昌，《旧五代史》《新五代史》中的钱镠和《宋史》中的洪咨夔、滕茂实。本文就专门聊一聊董昌。

五代十国是个社会剧烈转型的阵痛时期，"五代"和"十国"，实际上亦只是笼统概括当时林立小朝廷的一个概数，其间还有多少更小的政权，就连专业文史学者恐怕也未必能说清。在那个时代，武人跋扈，礼崩乐坏，社会缺少起码的价值观和行为准则，而就在这种"有枪便是草头王"的残酷竞争中，临安人董昌确实打拼出了一番天地。

董昌年长钱镠 5 岁，今杭州临安区太湖源镇南庄村人。唐乾符二年（875），董昌在家乡临安招募乡兵以自保，这是唐末各地诸侯常见的起兵方式。不久，钱镠投入董昌麾下，担任其副手。几年后，因部将钱镠智退攻入临安的一支黄巢起义军部队有功，董昌被唐朝廷任命为杭州刺史。在群雄逐鹿的乱世，从此他有了一块安身立命之地。这个时候钱镠是什么职位呢？都知兵马使，是董昌手下主管军事、地方治安的官员。不管怎么说，此时的钱镠受董昌统属节制是毫无疑问的。

"争"是五代十国的时代主题，是不以个人意志为转移的客观规律，只要身处其中就不得不如此。董昌和钱镠以杭州为根据地，当然主要凭借的是钱镠出色的军事才能，用5年时间击败原盘踞浙东的军阀刘汉宏。战后，董昌被封为义胜军节度使、越州观察使，成为钱塘江以东越州（今浙江绍兴）、明州（今浙江宁波）、台州、温州、婺州（今浙江金华）、衢州、处州（今浙江丽水）7州名义上的主人，地盘相对于之前的杭州有了明显扩大。至此，董昌由一个州的最高领导，成为东南地区势力较大的诸侯之一。

如果把当时的唐王朝比作一家集团企业，那么，皇帝就是集团老总，董昌任杭州刺史时，相当于一个部门领导；但官居统辖数州军民政的观察使后，董昌实际上已晋升为分公司负责人。任何人处在这个位置，都会内心火热，有大干一场的念头。董昌也正是这么做的。《新唐书》记载，董昌赴越州就任后，为政公平，人民安居乐业。假如这算新官上任的"三把火"，那么在辖区废除了自安史之乱后实行100多年、民怨已久的"食盐专卖"则是亘古未有的大手笔，深得民心。这还不算，董昌看中了当时皇帝孤家寡人、囊中羞涩的困境，加倍上缴税赋、方物给朝廷，由是获得格外重视。董昌从越州观察使一路升迁至检校太尉、同中书门下平章事（即宰相），乃至最后封爵陇西郡王。说此时的董昌位极人臣，已不为过。

事情的转折点，在于一次"求封王"事件。

董昌打报告给皇帝，请求封自己为"越王"。但他不知道的是，身处越州可以被封为远隔万里之遥的"陇西"王,却不能轻易受封所在"越"地冠名的王,这实际上是唐朝皇帝为防止国家崩盘祭出的最后一招。董昌没搞明白这个道理,于是说:"朝廷负我,吾奉金帛不赀,何惜越王不吾与? 吾当自取之!"意思是"朝廷有负于我,我进贡的财货数不清,为什么还舍不得把越王给我? 你不给,我就自己去取!"

尽管身边已有人提出不同意见,但他听不进去。更有一些善于察言观色的小人,乘机鼓动董昌称帝,并献上来路不明的"祥瑞"和"劝进"表。于是董昌最终于唐乾宁二年(895)在越州黄袍加身,国号"大越罗平",年号"天册"。表面上看来,孱弱的朝廷对此大概不会有什么实质性惩罚,但是在经皇帝授权征讨董昌的钱镠的凌厉攻势面前,董昌兵败如山倒,次年便彻底覆亡。

那么,董昌到底在什么地方犯了错误?

董昌问题产生的根源,恰恰在于升迁过快过猛。他从29岁临安聚众起兵到49岁称帝,满打满算20年。在这段时间中,早期主要靠副手钱镠所获战功而连带沾光,后来则凭借源源不断的进贡受到皇帝赏识及提拔。但有一点是确定的,即董昌没有做出实打实的工作业绩,只是靠着一些花拳绣腿和运气才侥幸上位。也许是成功得太容易,董昌犯了两个主要错误:

第一个错误,是他没有认识到自己的权力边界在哪儿。早早而且没有花太多努力就受到皇帝和朝廷宠信,这让董昌有一种"自己无论做什么都可以"的错觉,从而一而再再而三地试探政治红线,为人行事的胆子也越来越大。但他没有借助既有的政治平台,做一些能够服人心的"亮点工作"或"中心工作",也没有进行一种权力、资源上的深度整合。平心而论,那会儿想取李唐皇室而代之的军阀诸侯不在少数,但是就算是权势熏天、将皇帝玩弄于股掌中的朱温也不敢有此举动,偏居浙东一隅的董昌为什么就看不到这一点呢?唐末董昌第一个跳出来黄袍加身,首先注定了他被其他各路实力派(包括钱镠)"枪打出头鸟"的败亡命运。

第二个错误,是他没有节制自己的欲望。职场上的"步步高升"不是坏事,而且要想进一步做成事、做大事,工作平台的扩大也是必要的。但是职位只能由群众选择、上级任命,一来这样符合官员选拔任用程序,二来也避免了跑官、要官的恶性循环。从这个意义上讲,当时的皇帝唐昭宗不给董昌封"越王",而把这个头衔给了为挽救唐王朝于既倒的钱镠,不能不说这是一位明白事理的君主。

另外,董昌身边人的态度也很值得一提。现有史料记载,当董昌流露出想当皇帝的想法时,他身边绝大多数人不是冒死进谏,而是趋炎附势地怂恿董昌一错再错,直至其走上不归路。在这方面,身边有谏臣罗隐等的钱镠就幸运得多。有这样一些人在,虽然说话经常不那么"入耳",但至少钱镠不会犯大的错误。

在追求事业发展的道路上,要可持续而不是中道崩殂,董昌给我们留下了深刻教训。对于领导者而言,想问题、做事情不能光看现有地位,还要看自己是否做出足以服众的工作成就,以及现有资源能否得到很好的整合利用。钱镠和董昌相比,除了军事指挥作战才能明显占优,别的能力其实也无法证明一定就比董昌强多少。但钱镠善于收敛和克制,这是董昌所没有的可贵品质。也正是这一点,决定了日后这两个临安人完全不同的前途命运。

解 读

维护国家统一和稳定是最大的民心,也是最大的政治。董昌原本比钱镠有着更好的仕途起点,但他不懂得收敛和克制,冒天下之大不韪,率先称帝,落得身死下场,罪有应得。

第四篇

家训·家风

　　家风就是一个家庭的氛围作风。什么是好家风？是孝敬老人，是关爱邻里，是耕读传家、明理守法、诚信务实所成就的幸福生活。临安是"好家风"建设经验的起源地。"好家风"是家庭世代相传的精神财富，是比物质财富更具珍贵意义的"传家宝"。

　　纵观吴越国和同期各国历史，家风好，民风、政风就好，国家安定有序；家风不好，则"富不过三代"，最后身死国灭。古往今来，好家风是大众道德水平与社会风气的正能量，能带动社会好风气。今天的我们，有必要重温吴越钱氏的好家风。

◎第一讲　孝、亲、严、和：钱镠的儿女情长

对钱镠的评价，后代无论是官方，还是民间，抑或专业历史学家，总体没有太多争议。大多认为，正是他在五代十国那样一个大动荡、大变革时期，成功地维护住当时以浙江为主体的长三角地区的平安，对我国经济中心南移和开发江南起了积极作用，为"上有天堂，下有苏杭"的奠基与开拓做出了历史性的贡献。所以，钱镠在世人眼中一直以横刀跃马的武将形象出现，或者说是君主形象。不过，无论是什么形象，钱镠终究也是人，也有他的亲情观，有其丰富多元、立体具象的儿女情长一面。

虽然《全唐文·大唐故天下兵马都元帅尚父吴越国王谥武肃神道碑铭(并序)》中说钱镠有"麟趾公子，不下百人"，但目前能明确生卒年代和事迹的钱镠膝下诸子，不到 20 人，亲子数约为同样上下。那么，这位从临安农家走出来的布衣君主，除了政治上的重情义、识时务、怀雄志，他的亲情观是怎么样的呢？

对父母：孝。钱镠尤其对母亲极尽孝道，经常背着母亲水丘氏登高在花园里赏景，在民间有"钱王赤脚背母"的传说。唐天复元年(901)其母去世，葬于临安。钱镠为此还要求一直不愿归附于

己,但却是唐朝进士出身的文人吴仁璧撰写墓志铭,被拒,遂暴怒,沉吴仁璧于江中,是为"吴仁璧事件"。后梁开平(907—911)初,水丘氏被追封为赵国太元太夫人。其墓位于今杭州市临安区锦北街道西墅街明堂山,1980年被发掘,出土瓷器、金银器等各类文物100多件,其中越窑青釉褐彩云纹熏炉、盖罂、油灯均为国宝级文物,钱镠对母亲之孝可见一斑。

众所周知,钱镠小名"婆留",出生时相貌奇特、有异象,父亲钱宽以为不祥欲弃于井,亏有(外)祖母救下,不然后来的历史就要改写了。即便如此,钱镠富贵后,还是很大方地奏请朝廷授予其父钱宽威胜军节度使推官、职方郎中等荣誉性官职,去世后则追封英显王。将父亲封王,体现了封建社会最高统治集团中特殊的亲情关系。

对发妻:亲。钱镠虽然出身行伍,和发妻戴氏(《十国春秋》《吴越备史》作"吴氏",两人都是临安人)"陌上花开"的爱情典故千古流传,成为历代诗人吟咏的佳话。戴氏(？—912),临安县人,事迹主要见于清乾隆、宣统版《临安县志》和《钱氏家乘》。清宣统二年(1910)版《临安县志·卷七·人物志一》记载,戴氏每年都要回家乡临安,钱镠便写诗相赠:"陌上花开,可缓缓归矣。"意为:田间阡陌的花开了,你可以慢慢赏花,不必急着回来——也有解释为:田间阡陌的花开了,你可以慢慢准备回来了。但无论哪一种解释,短短9个字,字里行间都渗透着钱镠对发妻的真挚感情。

此事传开后,时人便将这首诗改编成歌曲传唱,成为历代文人名士题咏的佳话。北宋熙宁年间（1068—1077），在杭州为官的苏轼作《陌上花三首并引》。后来苏轼门生，亦为北宋著名文学家的晁补之（1053—1110）又作 3 首《陌上花》诗。

对小辈：严。钱镠第九子，名钱元球。唐天复二年（902），钱镠统治集团内部发生"武勇都之变"。这支钱镠的亲兵突然哗变，几乎攻陷钱镠统治中心杭州，让钱镠数十年的奋斗成果化为乌有。危难之际，钱镠想到了通过与外国政治联姻的方式以搬救兵。起初选中时年 15 岁的钱元球，被拒，钱镠大怒将杀之，被旁人力劝方罢。事后其仍余怒未消，夺钱元球职务大印。

有必要指出的是，古代的政治联姻，绝非今天甜甜蜜蜜的百姓婚姻可比，那是有生命危险的，实际上就是一种变相的送"人质"。因此平心而论，让一个相当于现在初二、初三学生的孩子去，他不敢去实在很正常，情有可原。但是，钱镠对自己的孩子就是这么严厉，按照现在眼光看甚至有点"薄情"。不过，也许正是这种"薄情"，成就了后世吴越钱氏家族"千年名门望族，两浙第一世家"的历史地位。

对兄弟：和。钱镠的几个兄弟都是很能打仗的，绝非文弱书生。比如三弟钱镖，少时即骁勇善战。在钱镠创业的道路上，这位弟弟立下了汗马功劳，因功被钱镠授予湖州刺史。但钱镖有个缺点：嗜酒如命。后梁开平四年（910），一次酒后他误杀官员，由于畏惧大哥的严刑峻法，亡命吴国。其实，钱镠向来以执法如山闻名，但未必就打算因为此事杀了自己的手足兄弟——对于这类事件的处置方式，放在"家天下"的封建社会，也可以理解的。朝堂之上少一个同族，就会多一个异姓。钱镖出奔时，留下2个儿子，长子5岁，次子不到周岁。钱镠将这两个侄儿带在身边，并分别取名"可团""可圆"，盼着弟弟能早日归来。可惜的是，钱镖最终老死于吴国，此是后话。

如果说，钱镠这种亲情观在其成为吴越国王之前主要是个人行为的话，那么在建国吴越伊始，钱镠的亲情观成为钱氏"三世五王"一以贯之的处理王室内部成员关系的主要准则，并顺延泽及一军十三州的广大百姓，或在制度层面上成为洞悉民间疾苦、安定政权，发展经济的"保境安民"政策的心理源头之一，为国家的稳定发展带来难得机遇，吴越国亦由此成为五代十国时期最具人情味的一个国家。此何其难也，又何其伟也！

解 读

社会在发展，时代在变化，但是孝、亲、和、严的人之常情永远不会变。钱镠和历代钱王在处理王室成员内部关系、施政治国方面能做到张弛有度、礼法合治，体现了较高的政治智慧和治理能力。"忠孝传家久"，亦不外乎这个意思。

◎第二讲　秘色国宝：钱镠对母亲的至孝

我们了解历史主要有两个途径，一是史料，二就是文物。钱镠作为临安历史上最著名的历史人物，首先是儿子，其次是政治家，再次才是军事家。因此，我们研究钱镠暨吴越国钱王文化，不能仅仅从"善事中原，保境安民"一个角度来展开，钱镠对家庭成员之间亲情的态度，同样也是其不事干戈、发展生产的立国思想的重要源头。钱镠对母亲水丘氏之孝，历来被史家和吴越钱氏津津乐道。今天，本文来谈一谈临安区博物馆馆藏的一件国宝级文物"越窑青釉褐彩云纹熏炉"，以此来进一步解读钱镠对母之至孝。

越窑青釉褐彩云纹熏炉，和临安区博物馆另外两件国宝大器越窑青釉褐彩云纹油灯、越窑青釉褐彩云纹盖罂一样，都在1980年出土于钱镠生母水丘氏墓。它们都是位于今天宁波慈溪、余姚地区的"越窑"出产的"秘色瓷"，也即专供皇家贵族专用的2.0版青瓷，是当时低阶官员和百姓无缘得见的高科技产品。水丘氏卒于唐天复元年(901)，该熏炉出土时，炉内尚存大量香灰，且工艺精良、造型优美，说明熏炉在入葬前，是墓主人水丘氏日常使用之物。这是一件生活用器，而非陪葬用的明器。

　　熏炉通高 66 厘米，口径 40.3 厘米，底径 41 厘米，体形硕大。考虑到同时代的越窑瓷器，多是碗、盘、渣斗、钵等小型器，因此该熏炉的横空出世显得尤其弥足珍贵，堪称唐代越窑青瓷烧造巅峰之作，也是当时江南地区经济富庶的历史见证。

　　五代时期战乱频仍，和平显得尤其珍贵。这个时期的士大夫阶层，特别注重精神的内在感受。这件越窑青釉云纹熏炉，炉盖的艾草之青给人一种祥和、安宁之感，是"治愈系"的一类作品。它以熏炉的形式出现，其实也代表了中国最传统的一种伦理道德，就是孝道。

　　水丘氏是临安县（今杭州市临安区）人。钱镠成为一方之主后，初封其母为河南太君，又封吴兴郡太夫人，再封秦国太夫人。史载钱镠对母亲极尽孝道，经常背着母亲登高在花园里赏景，在临安民间和钱氏后裔当中都有"钱王背母"的传说。水丘氏贵为钱镠之母，生活起居自然无忧。而她崇信佛教，因此从某种意义上说，这个时候她的精神需要一定大于物质需要。

　　现代人对"香"的理解，逐渐回归到了香的本意，也就是注重香味本身。但在古代，"熏香"本身的仪式感及实用功能显得更为重要。我国的先人很早就注意到香的气味。毕竟香味能令人感到愉悦，也能给人们带来美好的心情，同时也便于开展一些宗教活动。在古装戏中，经常能看到王公贵族、文人士大夫在烟雾缭绕的环境中运筹帷幄、纵横捭阖的形象，结合考古出土的文物，这是符合历史实际的。在当时，熏炉和薰香价值不菲，并非寻常百姓所能用得起,所以薰香实际上还是一种精神追求和身份象征。

钱镠作为儿子,命人制作这件体量如此之大的熏炉呈献给自己的母亲,即是为了母亲能安享晚年——这是钱镠对母亲实实在在的孝心。

这件熏炉炉盖上,还有 36 个蝙蝠形的薰香孔。稍微熟悉传统文化的人都知道,文物、古玩上的"蝠"实为谐音"福",也就是讨个彩头。有的瓷器绘上 5 只蝙蝠,意思就是"五福临门"。此外,《道德经》中说:"道生一,一生二,二生三,三生万物。"36 为 3 的倍数,所以,炉盖上的这 36 只蝙蝠,是一种化抽象为具象的艺术表现形式,真正的含义就是"万福"。

不同人对"福"的理解不同,可能有千万种,但一定离不开"长寿"。人生在世,生命的长度和质量是非常重要的,所以说长寿之人就是有福之人,恐怕没有人会反对。比如水丘氏,生于公元 834 年,卒于 901 年,活了 68 岁。在千年前有这样的寿命,应该是非常难得的。儿子钱镠百忙之中经常背着自己登高观景,以及崇佛的内心世界,让这位老妇人心境平和。

36 个蝙蝠形香孔,也是水丘氏晚年心情的形象反映。既是一种自由的意境,更是一种享受生活的状态——这是钱镠对母亲真真切切的亲情。

越窑青釉褐彩云纹熏炉,和同时期及更早的汉魏时期熏炉有个明显不同,就是它的炉盖部分是个典型的"挂钟"造型。这个时期的不少熏炉,炉盖为更为扁平的华盖伞形,或者是阶梯状的坛形

（有步步高升之意），抑或是狻猊（龙之九子之一，喜烟好坐）等造型。

须知，钟在古代是用来计时的，有一个耳熟能详的词汇，叫"晨钟暮鼓"；还有个词，叫"钟声有福"，也就是听到钟声有福气。现在一些重大节日期间，如岁末年初，有不少人喜欢到寺庙"撞头钟"，事实上就是对生命哲学的宗教认识。有人说，这件熏炉上除了莲瓣云雾纹，其他的啥也没有，你怎么就能将它和祈求福寿绵长、善始善终联系到一起呢？前面说到，水丘氏崇佛，因而将熏炉主体部分设计为晨钟的样式——这是钱镠对母亲点点滴滴的感恩之情。

今天我们一说到孝顺长辈，马上想到拿钱送东西。古代不全然是这样，比如"二十四孝"中的故事，扇枕温衾、卧冰求鲤、涤亲溺器等，都讲究子女用实际行动来侍奉双亲。钱镠也是如此，虽然贵为人君，依然想尽办法让母亲能过得更舒适、更开心。越窑青釉褐彩云纹熏炉有着珍贵的历史、艺术和科学价值，1995年，国家文物鉴定委员会就将它定为国宝级文物。到2013年，国家文物局发布《第三批禁止出境展览文物目录》，共有94件（组）一级文物列入第三批禁止出境展览文物目录，它亦名列其中。实际上，除了器物本身的工艺价值，熏炉更是记录了钱镠尊奉其母、孝老爱亲这段重要的历史。家风传承不是一朝一夕之功，希望今天我们到临安区博物馆目睹这件国宝的同时，都不要忘记学习蕴藏其中的这门吴越钱氏好家风。

解 读

孝是人生自然生发的一种亲情。钱镠对母极孝,是把孝道作为一种"好家风"来弘扬光大,达到以孝治天下的目的。不孝则不配为人,更谈不上政治上的忠,这是钱镠以孝治国给我们最重要的历史启示。

◎第三讲　临终托孤：多问身前　少管身后

后唐长兴三年（932），钱镠病重。《十国春秋》《吴越备史》等史料均记载，他对病榻前的亲信将领说："余病不起，儿皆愚懦，恐不能为尔帅，与尔辈诀矣，帅当自择。"意思是"我要和你们诀别了，我的儿子们都愚蠢懦弱，你们自己当中选一个人当吴越之主吧！"

这个桥段，是不是似曾相识？实际上，后世便有史家分析指出，钱镠此举，学的是三国时期蜀汉先主刘备白帝城托孤诸葛亮，是想试探手下人的忠诚度，确保吴越国一军十三州的江山还在钱家人自己手里。对此事件本身的解读，也是五花八门：有说钱镠"公事付诸公论"的；有说钱镠玩心计的，病榻后不知道藏了多少武士，只要这批将官胡说，幕后的武士就会一拥而上来个"团灭"。而久经沙场的将领们谁都不是傻瓜：主公自己打下的江山岂会拱手送人，因此都心领神会……前一个说法太理想化，钱镠毕竟是封建社会的君主，在挑选接班人的问题上当然也是"家天下"的思维，更何况钱镠的吴越国理论上是中原朝廷在江南的"派出机构"，历代钱王（包括钱镠本人）即位均需中原皇帝下诏册封便是明证，因此这片江山安能私授？所以，众将一致回答道："大令公（指钱元瓘）

有军功，多贤行仁孝，已领两镇，王何苦言及此！"

后面那个说法，看似合理，其实更不靠谱：弥留之际的钱镠能在幕后设伏以备急需，手下的将领难道不会串通好在外面动机关吗？早在钱镠去世前 20 年，这样的事情就发生过——公元 912 年，代唐称帝的后梁太祖朱温病重。他临终前想册立继承人，知道自己几个亲子不能承用，只有养子朱友文尚算成器，因此决定传位给他。但朱温这个做法，引起了亲儿子朱友珪的极大不满。朱友珪便串联皇帝亲兵部队将领，以"视疾"为名进入朱温寝殿，将后者砍死在病床上。然后秘不发丧，自行登基即位！

钱镠去世时年 81 岁，在那个年代属于极高寿的老人，且他一生征战无数，熟稔人情世故，又在"安重诲事件"后休了三四年的"病假"（在此期间由钱元瓘监国），大道理不会不明白。钱镠喜读《春秋》等史书，不排除有学习刘备白帝城托孤的意思，但是他也一定从书上读到——向来称诸葛亮为"仲父"（不妨理解为"干爹"）的蜀汉后主刘禅，却在诸葛亮去世（公元 234 年）近 30 年后的公元 263 年，才同意在勉县（今属陕西省）给诸葛亮修了蜀汉第一座武侯祠，而这个勉县离蜀汉国都成都有千里之遥。刘备托孤，显然没有达到预期效果，而且儿子刘禅不领这个情。

实际上，钱镠之所以在临终之际这么说话，多半是看明白这样一个道理：身前的事自己能管就管，死后的事，那就不是自己能看得到、管得了的了。钱元瓘早早地就在军中跟着自己历练，相信他能掌控住局面。煞费苦心地做安排、托孤，看似万无一失，实则一失万无。别看这会儿忠臣孝子，等老皇帝殡天，戏恐又从头唱起。三国时期曹魏两朝"顾命大臣"司马懿最后夺了曹家的天下，清朝顺治顾命大臣鳌拜擅权乱政终被康熙拿下，等等，都证明了"临终托孤"往往适得其反。

那么，作为当家人，怎么安排身后事？多问身前，少管身后，是最明智的思路。钱镠深感当时"武人干政"为患之烈，晚年建立起一套以丞相为首的文官治国体系，且为群相制，尽可能增强了这套体系的自我纠偏、自我修复的功能，同时以《武肃王十训》《武肃王八训》诫后。这样即便身后的戏未按照自己交权时所构想的剧本演下去，也不至于出现大的偏差。因此我们看到，虽然公元947年王国内部发生政治变故，但在吴程、元德昭、钱弘僔等一批贤相的辅佐下，吴越国仍然稳定如初，并一以贯之地执行钱镠"善事中原，保境安民"的国策。从这一点上看，钱镠治家如治国，姿态风采和领导艺术足以彪炳后世。

解　读

中国人家庭心重，守着份偌大家业不易，总想自己谢幕之后，安排得妥妥帖帖、稳稳当当，让接班人顺利平稳地继承家业。但俗话说得好，儿孙自有儿孙福，再美妙的未来蓝图，也不可能和实际完全贴合。治家最妥贴的方法，就是像钱镠一样，建立成熟、有延续性的制度、体系和风格，这样就算接班人看走了眼，或自己隐退后台上的戏没有照着自己的构想唱下去，那也是八九不离十，不影响整个架构体系的运转与繁荣。

◎第四讲　英雄的自白:《还乡歌》

多种史料显示,钱镠有四个同胞的弟弟,分别是二弟钱镜、三弟钱镖、四弟钱铎、幼弟钱铧。因此,钱镠是在这样一个多兄弟家庭中成长起来的。纵然,那个年代多数家庭都有好几个孩子,但有必要看到,正是钱镠长兄的身份,给了他较早背负家庭责任的切身体验,以及对谋生不易的感悟。

钱镠年少时,就喜欢和同龄的孩子们在树荫下玩耍:他自己一本正经地坐在石头上,指挥众儿,如排兵布阵,以优劣定赏罚,颇有条律。《新五代史》中说他"及壮,无赖,不喜事生业"——后世有人对这句话及编修《新五代史》的北宋著名史学家欧阳修颇有微词,但有必要指出的是,古汉语中的"无赖"一词,指的是"顽皮",而且经常用在青少年身上,并不具有今天的贬义色彩。毕竟钱镠自己也经常说:"吾喜武而厌文。"

到 16 岁那一年,按照《钱氏家乘》的说法,叫"王贫甚,无以奉高堂,乃贩盐谋生"。其实,钱镠的父母钱宽和水丘氏家里是不是穷得揭不开锅,后世有不同看法。不过,钱镠年纪轻轻就外出闯荡,父母准许放行,而且还让他干起了"贩盐"这票在刀锋上行走的买卖,除了看重"一本万利"的经济利润,也有着锻炼钱镠体魄的考虑吧!

于是,钱镠有了走南闯北、扩大见识的机会。他所处的年代,正是唐王朝自"安史之乱"后在下坡路上颠簸的一百多年,藩镇割据、宦官专政,唐王朝被折腾得气若游丝、动荡不安。目睹山河破碎、生灵涂炭的现实,钱镠慨然究怀:"大丈夫须当拨乱平奸细,岂可怀安端坐!"一个"须当",生动道出了钱镠的志向,以及对自己前途的真实想法。21岁时,钱镠从商海上岸,也许是凭借贩盐所得的积攒,拉起了一支属于自己的队伍,"训练义师,助州县平溪洞"。

唐广明元年(880),钱镠以20骑设伏智退黄巢起义军中一支偏师对临安的进攻,由此声威大振。从唐中和二年(882)至光启二年(886),钱镠用4年击败了占据浙东并图谋反叛的军阀刘汉宏,之后自己的老上司、同为临安人的董昌移步浙东任越州观察使,钱镠任杭州刺史。乾宁四年(897),唐昭宗感念钱镠维护帝国统一之功勋,特赐"金书铁券"一具,免钱镠本人九死,子孙三死。不久,唐昭宗又命人对钱镠画影图形,供于京城长安宫中为表彰历代功臣而建的"凌烟阁",钱镠成为最后一批登阁的唐臣。

唐天祐四年(907),朱温灭唐称帝,建立后梁王朝。当时,钱镠身边以罗隐为代表的忠于李唐的遗臣劝钱镠北上讨伐朱温,并称:"纵无成功,犹可退保杭、越,自为东帝,奈何交臂事贼?"周边淮南、闽等国家的诸侯又送来皇帝衣饰,皆劝钱镠称帝。对此,钱镠说:"古人言,屈身于陛下,是其略也。吾岂失为孙仲谋邪?"意思是,屈尊而向陛下称臣,这是一种谋略,我难道不是孙权吗——三国时期,东吴国主孙权是最后一个称帝的,虽然联合过蜀汉与号称"三分天下有其二"的强国曹魏发生过赤壁大战,但旋即向魏称臣,保全了吴、魏两国之间而后数十年的和平,为开发江浙地区做出了重大历史贡献,这与劳民伤财"北伐"的蜀汉形成了鲜明对比。

钱镠认为"富贵而不归故乡,犹如衣锦夜行"。其大规模的"衣锦还乡"先后有五次。《旧五代史》称:"于临安故里兴造第舍,穷极壮丽,岁时游于里中,车徒雄盛,万夫罗列。"从现有临安考古发掘实物看,钱镠在临安大兴土木的记载未必足信,但铺张浩大的还乡过程当为事实。后梁开平四年(910)还乡时,钱镠酒酣耳热,动情时高唱《巡衣锦军制还乡歌》:

> 三节还乡兮挂锦衣,碧天朗朗兮爱日晖。功臣道上兮列旌旗,父老远来兮相追随。
>
> 家山乡眷兮会时稀,今朝设宴兮觥散飞。斗牛无孛兮民无欺,吴越一王兮驷马归。

也许是这首充满文人意境的古风歌用词过于晦涩,也许是钱镠本人情到深处意犹未尽,《吴越史事编年》等史料记载,钱镠还特意将这首古风歌翻译成父老乡亲能听懂的临安方言:"尔辈见侬底欢喜,别是一番滋味。子永在我侬心子里。"《还乡歌》真实表达了钱镠从一个农家子弟、私盐贩子成为两浙十三州之主的感慨,其中的五味杂陈,大约只有钱镠本人知道。顺便提及,在2012年上海音乐学院教授何占豪先生给《还乡歌》谱曲的基础上,2016年,临安区青山湖街道农民管乐团通过多方寻找,经浙江交响乐团、杭州爱乐乐团专业老师的共同努力,将《还乡歌》改编成管乐伴奏曲,并于2016年11月在城东元宝山钱王铜像落成仪式上首演,演奏效果得到了各界群众的一致好评。

钱镠临终时,立有《武肃王遗训》,其中第二条是:"凡中国之君,虽易异姓,宜善事之"。第三条是"要度德量力而识时务,如遇真主,宜速归附"。丰富的人生阅历告诉钱镠,吴越国终究是乱世中的小政权,自保尚可,但要成大气候则不可能。由此,钱镠屡次大规模"衣锦还乡"时并不掩饰自己的炫耀之情,《还乡歌》也因此才能被收入《全唐诗》中而得以广为传唱。

解 读

钱镠既是"开国之君",又有"富家翁"的烟火气。其实,钱镠高调"衣锦还乡",除了内心有对家乡父老的眷恋,何尝不是当时险恶政治环境下的一种示弱与自保。钱镠治国的刚柔交替和为人处事的老成持重相辅相成,展现了他创业守业的智慧,也给我们留下了有益的借鉴和启示。

◎第五讲　钱氏家训：钱镠廉政思想的启示

钱镠以其文韬武略将吴越国打造成福泽一方的东南乐国。他年少时好武任侠，素有大志，青年时期即"挂彼儒冠，大散家财，广招勇士"，在乱世中不计个人名利，而是想着要为国家和民族做点事情，从一名为生计谋的私盐贩子毅然投身行伍，最终建立吴越国。他始终秉持"利在天下，保境安民"的立身持国理念，为吴越国近百年基业和"上有天堂，下有苏杭"这一千年人间乐土打下基础。

钱镠深知晚唐衰败残破的根源在于"文官爱钱，武将惜命，托言讨贼，空言复仇，而于国计民生全无实济"。因此他以晚唐为镜鉴，在官员廉政和宗室子女教化方面颇费心力，在国家政权巩固上砥砺前行，从而铸就了吴越国近百年基业。

钱镠身后传世的《武肃王八训》《武肃王遗训》及《钱氏家训》等语录，经其后人的赓续传承，成为历代吴越钱氏儿女教化、家风熏陶的重要经典。细读钱王传世家训，情真意切，语重心长，崇廉尚洁成为家训中最为突出的一大主题，可见其十分注重培养家族子弟心怀天下、洁身自好的品行操守。"利在一身勿谋也，利在天下者必谋之"，诸如此类崇廉尚洁的训诫俯拾皆是。这里所谈的

"廉"，既包含不贪、不占的操守，更涉及不勤、不啬、不骄、不奢的品行。家训中的廉政思想熠熠生辉，烛照古今，成为源远流长的钱氏家风的重要组成部分。钱家兴旺鼎盛、名人辈出，绵延千年的家风教化显然功不可没。

对于钱镠提出并一以贯之地实践"善事中原，保境安民"的执政基本思想，其历史贡献已得到学界公认；而对于钱镠崇廉尚洁的齐家治国思想及所做贡献，相关研究则着墨不多。以吴越国历代君主连贯性的廉政实践而言，其思想或源于《钱氏家训》等系统阐述钱氏家风的文献之中。

一、钱氏"守高祖之松楸"是钱镠崇廉尚洁思想的心理基础

人的任何行为，反映的都是内心的状态，无论是以权谋私还是公正廉洁，都能找到内心最深处的起因。探究钱镠的廉政思想，不妨从他对先祖的尊崇说起。关于钱镠的先世，代表性的说法有两种：一种是《吴越备史》中说的"唐武德中陪葬功臣潭州大都督巢国公（钱）九陇八代孙也"；另一种是《钱氏大宗谱列传·富春侯钱公列传》中的提法，追溯到了汉代著名将领钱让，"是为一代祖"。当然，作为钱镠故里的临安民间还有一种广为流传的说法，这种说法也与《旧五代史》《新五代史》等史书记述相吻合，即钱镠系上古寿星彭祖（彭祖名"篯铿"）之后。而根据钱镠之父钱宽的提法："吾家世田渔为事，未尝有贵达如此。"

那么，钱镠本人是如何看待自己家世的呢？在《武肃王八训》和

《武肃王遗训》中都提到，"吾家门世代居衣锦之城郭，守高祖之松楸"，并提醒后世子孙"莫轻弃吾祖先"。可见，钱镠的认知和父亲较为一致，即祖上并无特别显贵之人，否则也不会担心发迹后子孙会蔑视先祖。至于钱九陇、钱让甚至彭祖为钱镠先祖之说，抛却考据不论，此或为假托先贤以自显的封建政治传统——比如，唐高祖李渊在创建唐朝以后，即尊和他隔了至少1200年的亦人亦神的道教创始人李耳（即"老子"）为李唐皇族先祖。

《武肃王八训》和《武肃王遗训》中提到的"守高祖之松楸"，与《钱氏家训》中"祖宗虽远，祭祀宜诚"的训示相映照，都突出强调了要以祖为尊，不忘祖辈之教导，顾惜家族之门风，足见钱镠在其治军、治国之余对家族声誉维护的莫大重视。所谓松楸，本义为坟墓，"守高祖之松楸"，托物以喻人，旨在教导后人不能数典忘祖，而要继承先辈遗风和家族传统，折射的是封建宗族制度下的一种道德坚持，体现的是一种作风操守。可以说，"守高祖之松楸"，成为他廉政思想的心理基础。

这一信念为钱镠所坚守，规范着一代又一代钱氏裔孙的思想和行为。吴越国其他四位国王，在位时间长的有30年，短的只有半年，他们谨遵钱镠开创的家风，通过内修吏治、外肄戎兵，在乱世中维持了40多年的和平，为后世长三角地区的发展做出了重要贡献。而近世吴越钱王后裔，如钱其琛、钱学森、钱伟长、钱三强、钱穆、钱锺书等，更可谓人才辈出、不可胜计。

二、"四如""四守"是钱镠崇廉尚洁思想的集中体现

《钱氏家训》中有一条重要训示："执法如山、守身如玉、爱民如子、去蠹如仇。"即为"四如"。"四守"是指聪明睿智，守之以愚；功被天下，守之以让；勇力振世，守之以怯；富有四海，守之以谦。这"四如""四守"的观点，集中体现了钱镠崇廉尚洁、守节自律的廉政思想。钱镠听从并遵循了一生谨慎的父亲在自己衣锦还乡时的教诲，提出了以低调、勤俭为要领的处世判事准则——钱镠确实努力践行着"四如""四守"思想，并提出"吾立名之后，须子孙绍绪家风"，以此严格要求他的后人和属僚。

钱镠的"四守"思想主要表现就是一个"忠"。《武肃王八训》中说："予志佐九州，誓匡王室。"这番表态在唐朝皇帝如丧家之犬的时期殊为难得。大家都知道"金书铁券"的故事，虽然从现代司法角度看，任何人不得有凌驾于法律之上的权力，但评价历史人物一定要掌握一个原则，就是要还原到当时的状态中，看他有没有做出同时代的人所没有的贡献。在晚唐政权风雨飘摇之际，在攻王郢、灭刘汉宏等大小战役中屡有勤王保驾之功的临安人钱镠有幸膺此殊荣，实属正当合理。

钱镠的"四如"思想主要表现就是一个"严"。《十国春秋》记载："王（指钱镠）居处务期节俭，衣衾杂用细布，常膳惟瓷漆器，寝帐敝，恭穆夫人欲易以青缯，不许。"平日吃饭，只用瓷器和漆器，床帐破了，也不同意更换。身边一个郑姓宠妃的父亲犯法理应斩首，

不顾左右求情,钱镠毫不犹豫地驱逐郑妃,并杀掉其父以正纲纪。《新五代史》还记载了一事:"镠弟镖居湖州,擅杀戍将潘长,畏罪奔于淮南。"可见,钱镠对廉政、吏治要求之严已到令亲弟弟都感到胆寒的程度,那一般官吏就更不敢放纵了。这样做的思想本源,或可追寻到《钱氏家训》中的"庙堂之上,以养正气为先;海宇之内,以养元气为本"一句。

"勤"是践行"四守""四如"的基础因素。"勤"是成事的前提和基础,与"廉"往往相伴而生,看钱镠的从军治国经历,其在勤政方面也多有体现。早年从军时,为了尽可能利用时间,钱镠睡觉时用挂有铃铛的坚硬圆木做枕头,名曰"警枕"。我们今天很难想象这么硬的东西还能当枕头,但钱镠就这么用过。如果睡得太熟,木头滚动,铃铛一响,人也就醒了。另外在床头放一置有粉末的盘子,如临时想到事情就随手在这上面记录下来。"警枕""粉盘"对于钱镠来说有闹钟和备忘录的作用,形象地反映了其勤勉的积极心态。

三、"利在一身勿谋也,利在天下者必谋之"是钱镠崇廉尚洁思想的精髓

《钱氏家训》有言:"利在一身勿谋也,利在天下者必谋之。"这一句被很多人认为是《钱氏家训》中最振聋发聩的训示。意思是不要总想着对自己有利的事,而要去做那些对国家、社会、人民都有利的事。

钱镠信守"民为邦本"的理念,在大是大非问题上经常能站在群众的立场进行考量,正像钱镠自己所说:"十四州百姓,系吴越之

根本。"他经常能想到百姓利益,给身边人做出看得见、摸得着、不做作、可效仿的榜样。用今天的话来说,就是坚持以百姓满意不满意、答应不答应为标准,实属难能可贵。

"欲把西湖比西子,淡妆浓抹总相宜",西湖之美举世闻名。可早在唐代白居易到杭为官之前,西湖就已出现数十顷葑田(盖于湖面的水生植物),且因官府横征暴敛而怠于建设,到钱镠接管杭州之时,西湖淤塞,已严重影响居民用水和农田灌溉。后梁乾化二年(912),后梁皇帝赐吴越王钱镠"尚父"衔,据《西湖游览志余》等史料记载,有人就向钱镠进言:"王若改旧为新,有国止及百年;如填西湖,以建府治,垂祚当十倍于此。"对于封建帝王来说,心里想的、手中做的就是为国运长久,然钱镠此时却不为所动,理由是:"百姓借湖水以生,无水即无民。尔无妄言,吾不为也!"

四、钱镠崇廉尚洁的齐家治国思想理念的深远影响及现实启示

钱镠不仅自己坚持廉洁勤勉,同样要求继任者恪守"利在一身勿谋也,利在天下者必谋之"的治国理念,故而反复告诫后代:"汝等莫爱财无厌征收,毋图安乐逸豫,毋恃势力而作威,毋得罪于群臣百姓。"所以我们看到,吴越国另外四位国王也多有仁政,成为充斥着血雨腥风、争权夺利的五代十国时期的一道独有风景。相关内容在本书其他章节已有涉及,在此不再赘述。

总的来看,钱镠作为开国之君为了推进廉政工作,在制度建设、以身作则、严格执法、道德教育上下了不少功夫,取得的成绩也理应在我们这代人的视野中还其本来面目。家训能够影响家风，也能反映家风。在继承与创新之中，将传统家风、家训的合理成分融入当代社会主义"好家风"建设中是一项值得研究并加以推广的新事物。《钱氏家训》中传递出的崇廉尚洁的齐家治国思想理念，对党员干部廉洁家风建设的启示主要有以下几点：

一是建设廉洁"好家风"，务必要重视修德律己。重视修德律己，这是建设廉洁家风的前提基础。党员干部在家中与在单位、在社会上一样，都应该是表率。要求他人做到的，自己首先做到；要求他人不做的，自己首先不做。唐景福二年（893），钱镠原想修子城（宫城），"后始念子城之谋，未足以为百姓计"，就改为"发民夫二十万及十三都军士筑罗城"，并表示："苟得之于人而损己者，吾无愧歟！"外城能增加人口，也有利城防；若修宫城，最大的受益者只能是自己。这是钱镠立言立行"利在一身勿谋也，利在天下者必谋之"思想的典型案例。

二是建设廉洁"好家风"，务必要重视严管家人。重视严管家人，这是建设廉洁家风的根本举措。"欲造优美之家庭，须立良好之规则。"好家风离不开好规则的支撑，管好包括子女、配偶和身边工作人员在内的身边人员就显得尤为重要。对心爱的宠妃之父，即几可称之为"国丈"的人执法如山，弟弟钱镖杀人后不得不害怕得畏罪潜逃，可见钱镠在维护法律尊严和吏治清明方面所下的决心之大。钱镠高度的自律和对身边人员严格要求、不徇私情的他律，不仅为社会各界做出典范，也为吴越国的长治久安奠定了公信力基础。

三是建设廉洁"好家风",务必要重视生活小节。重视生活小节,这是建设廉洁家风的内在要求。"小节不守,终累大德。"五代后蜀的亡国之君孟昶在被押解到达汴京后,向宋太祖赵匡胤献上一件镶有七枚宝石的"夜壶",后者问他:"你撒尿都这么奢侈,那吃饭该用什么呀?"《宋史》的原文记载更生动:"汝以七宝饰此,当以何器贮食? 所为如是,不亡何待!"《吴越备史》记载,钱镠对这种在生活作风中防微杜渐的廉政观肯定也懂:王府中帐幔破旧,钱镠担忧若加以更换,那子孙恐怕以后"皆施锦绣尔"。把用了多年的帐幔换了,只要此例一开,以后就会不断地换,极致奢华而无止境。

四是建设廉洁"好家风",务必要重视形象声誉。重视形象声誉,这是建设廉洁家风的必要保障。不仅钱镠的子孙要经常重温钱氏家风,我们党作为千万党员共同的家,党员也要经常重温理论联系实际、密切联系群众、批评与自我批评的党风。在化家为国的封建社会,最高统治者的家风和国家政风是一回事,只有头脑清醒、眼光长远的政治家才会注意到家风问题。《武肃王遗训》谆谆告诫:"倘有子孙不忠不孝不仁不义,便是坏我家风,须当鸣鼓而攻,千叮万嘱,慎体吾意。"而后来历任吴越国王也的确遵循了钱镠创立的钱氏家风。

回顾历史,不是为了从浩瀚的史籍中寻找解决问题的现成答案,而是为了获得某种借鉴和启示。自古以来,国廉则安,家廉则宁。发展中国特色廉政文化,既在于开拓创新、摸石过河,又在于以史为鉴、古为今用。重修家谱、梳理家训、弘扬新家风是追寻美德及养成现代公民美德的重要路径。以《钱氏家训》为代表的吴越钱氏家风中的廉政内容,实际反映的是钱镠在乱世中出于一个传统士人有感而发的正义感和使命感,它总结了以"利在一身勿谋也,利在天下者必谋之"为特色的廉政精髓思想,是以我们今天在进行廉政教育时,也应该了解这门闪烁着我国古代反腐倡廉理性智慧光辉的吴越钱氏好家风。

解 读

在古代没有刚性的制度和法律的约束下,很多人都会自觉或不自觉地违规、违法、犯错误,而且犯了错误还会心存侥幸。因此,钱镠创造性地将家训家风运用于制度建设,大力推进家风崇廉,通过好家风的润泽提升执政能力和修养,更是滋养了 1000 年来的吴越钱氏家族,这让我们认识到,价值观的力量是无穷的,它是增强一个团队、一个家族乃至一个民族向心力、战斗力的重要纽带!

◎第六讲 武肃王遗训：吴越国宗室家风的系统总结

《武肃王八训》《武肃王遗训》（又称《武肃王十训》）及《钱氏家训》，是目前探究吴越钱氏一门家风的主要文献依据，从"三训"形成年代看，应是《武肃王八训》为先，《武肃王遗训》居中，《钱氏家训》最晚。目前，《钱氏家训》知名度最高。这部文献是由清末民国时期，安徽广德钱氏后裔、近代外交家钱文选根据众多钱氏家训版本整理的。全文532字，分成个人、家庭、社会、国家四篇。其中尤以"利在一身勿谋也，利在天下者必谋之"一句最为精彩。

相比之下，《武肃王八训》《武肃王遗训》知名度不是很高，但从行文风格、内容内涵来说，这两份文献实际上更接近于钱镠本人的作品。它们多次提到唐末以来的乱世背景，特别是《武肃王遗训》，还涉及钱镠膝下诸子的情况，因此，这份文献同样也是我们探究吴越国时期钱氏宗室成员家风传承的有力依据。

余世沐唐恩，目击人情乖忤，心忧时事艰危，变报络绎，社稷将倾。（《武肃王遗训》）

钱镠将"人情乖忤"和"时事艰危""社稷将倾"相提并论,说明在他看来,"人情"和"国事"两者之间存在关联。出现统治危机的同时也一定有社会危机、道德危机。

> 余于二十四得功,由石镜镇百总枕甲提戈,一心杀贼,每战必克……故由副使迁至吴越国王,垂五十余年,身经数百战。其间叛贼诛而神人快,国宪立而忠义彰。
> (《武肃王遗训》)

钱镠回顾自己一生的奋斗历程,"由副使迁吴越国王,垂五十余年",不乏艰辛和自豪。但这段话关键在最后一句"叛贼诛而神人快,国宪立而忠义彰"——这实际上是钱镠对自己一生奋斗的定性总结:为国家彰显道德伦理,治国当以道治乱。

值得注意的是,《武肃王遗训》中有多处引用《论语》原文——"圣人有言:敬事而信,节用而爱人,使民以时"出自《论语·学而》;"又云:恭则不侮,宽则得众,信则民任焉"出自《论语·阳货》;"又云:惟孝友于兄弟"则出自《论语·八佾》。"圣人云:顺天者存"则出自《孟子·离娄上》。

通过《武肃王遗训》,我们可以看到钱镠的一大治国目标与理想:重建伦理道德秩序。

钱镠在遗训中提到了"余之化家为国",并提到"家道和则国治平矣",并要求在世的几个儿子要对钱元璙(钱镠第四子)、钱元璘

（钱镠第十四子）等已过世兄弟的孩子担起抚养的责任，"视若己子，勿分彼此"。可见，钱镠在重建伦理道德的过程中，高度重视钱氏宗室的和睦团结。

接下去，钱镠在遗训中又指出：

> 余自主军以来，见天下多少兴亡成败，孝于亲者十无一二，忠于君者百无一人。（《武肃王遗训》）

他鉴于同时代后梁、后唐因帝王醉生梦死、百姓挣扎在死亡线上导致政权频繁更替，毗邻的福建闽国因子孙争位而国破家亡，江西钟氏军阀因父子内讧而自相残杀等深刻教训，希望病榻前聆听训诫的子孙要牢记"忠""孝"二字。

在结尾，还说：

> 倘有子孙不忠、不孝、不仁、不义，便是坏我家风，须当鸣鼓而攻。（《武肃王遗训》）

这段更有约束子孙的意味，同时也点明了吴越国钱氏宗室家风的核心：忠、孝、仁、义。

通览全篇《武肃王遗训》，不难发现，虽然钱镠对子孙提出了10条训诫，附上这样那样的要求，但总体上对小辈们的家风表现是满意的，因为毕竟没有列举钱氏宗室自己内部的反面例子。相反，钱镠对子孙家风的肯定赞扬及家风对宗室成员内部影响在其他文献中也多次得到印证：

> 武肃寝疾，一日命出玉带五，赐王（钱元瓘）兄弟，命王先择之，王乃取其狭小者。武肃王大悦，谓王曰："吾有汝，瞑目无恨矣。"（《吴越备史·卷三》）

钱镠卧病在床，有一天命人拿出五条玉带（清代以前，贵族、官员腰间所配的玉饰带子），赐给几个儿子，同时又让钱元瓘先选。让他没想到的是，元瓘选了最小的一条，因此钱镠高兴地说："我有你这个儿子，死而无憾了！"——欣慰之情溢于言表！

最著名的一则故事，莫过于钱元瓘主动和钱元璙谈起钱镠让自己继承国君之位的故事：

> 后唐长兴三年（932），丁亥，赐（钱）元瓘爵吴王。元瓘于兄弟甚厚，其兄中吴、建武节度元璙自苏州入见，元瓘以家人礼事之，奉觞为寿，曰："此兄之位也，而小子居之，兄之赐也。"元璙曰："先王择贤而立之，君臣位定，元璙知忠顺而已。"因相与对泣。（《资治通鉴·第二百七十八卷》）

钱元璙是钱镠第六子，生母为庄穆夫人戴氏（又作吴氏，即《吴越备史》《十国春秋》中记载典故"陌上花开"的女主角），而钱元瓘则为钱镠第七子，生母为昭懿夫人陈氏。当时，吴氏地位远在陈氏之上，因此无论是"立嫡"还是"立长"，王位都应该是钱元璙来继承。钱镠考虑在军中影响、军功等因素，最终传位钱元瓘。但钱元瓘能主动提及此事，钱元璙平静应对，可见兄弟二人的胸怀豁达。

综上所述，《武肃王遗训》实际上是对吴越国时期钱氏宗室关系和睦的一次总结，我们在关注《钱氏家训》的同时，也要加强对《武肃王遗训》的重视与研究。纵观整个吴越国时期，宗室利益与王权利益一致，这在当时殊为难得。这样一来，钱氏宗室成为支撑王权的重要支柱，除"胡进思之变"外，极少有内耗现象发生，吴越国成为当时享国最久的一个国家也就不难理解了。

解读

钱镠将重建伦理道德秩序作为平生一大治国理想，并巧妙运用家风解决继承人问题，避免宗室内部自相屠戮，这是他高于同时代统治者智慧的显著特点。他注重将钱氏宗室凝聚成为"一家之体"，强调"化家为国"，不仅改变了吴越国时期的整个社会，更是推动吴越钱氏家族卓立于历史，功不可没。

◎第七讲　谦逊多方：吴越钱王的本色

　　五代十国时期，很多国家的建立者都出身社会底层，从代唐建梁的朱温到雄踞两淮的杨行密，再到占有四川的王建，他们要么是老实巴交的农民，要么曾经是私盐场上的贩子。他们的国家都一度比钱镠缔造的吴越国来得强大，但这些起于草根的家族都存在着一种难以逾越的局限，即旺盛的传承力无法持续，也即印证了民谚中所说的："君子之泽，五世而斩。"今天如果说谁是朱温的后代、杨行密的子孙，大概没有人会知道，也不会有人相信。倒是偏居两浙的吴越国，在公元 978 年纳土归宋后，从宋、元到明、清，吴越钱氏后裔一脉始终书香绵延，代有人才涌现，仅两宋时期就出了 320 位进士。到近当代更是人才井喷，有"一诺奖（钱永健）、两外交家（钱其琛、钱复）、三泰斗（钱学森、钱伟长、钱三强）、四国学大师（钱穆、钱基博、钱玄同、钱锺书）、五主席（钱学森、钱伟长、钱正英、钱昌照、钱运录）"的说法，社会因而公认吴越钱氏家族是"千年名门望族、两浙第一世家"。那么，这个家族长期兴旺的奥秘究竟何在呢？答案还是要回到钱王所开创的家风上去找。

　　和同时代那些草莽枭雄不同，钱镠不是一个光凭拳头说话的人,恰恰相反,他是一个谦恭待人、胸襟开阔的政治家。应该承认,在五代十国时的中国,当时淮河、长江以南文化最为繁荣的地方还是南唐,而非吴越。但是,即便如此,钱王治下的吴越国还是涌现出不少著名文人,这其中的代表人物自然就是罗隐。

据《吴越备史》等史料记载,唐光启三年(887),钱镠就任杭州刺史。这一年,科举落魄、被封建史家讥为"凡十上不中第"的55岁罗隐,托人献给钱镠一首《夏口诗》,诗云:"一个祢衡容不得,思量黄祖谩英雄。"借用不能容人的三国时期军阀黄祖为反面教材,试探钱镠能否接受自己。钱镠是爱才之人,当即回诗:"仲宣远托刘荆州,都缘乱世;夫子辟为鲁司寇,只为故乡。"这首诗中的"仲宣",是东汉末年"建安七子"之首的王璨,他曾客居被曹操评价为"虚名无实"的荆州牧刘表门下10年,钱镠以刘表自比,或示谦虚;"夫子"指孔子,孔子是鲁国人,晚年又回到故乡任司寇,而罗隐是今富阳区新登镇人,钱镠在杭州挽留罗隐,未尝不是乡愁的感化。

一般来讲,在人与人的交往中,切忌"试探",但身为一方之主的钱镠对此却一点儿也不生气。至此,英雄和秀才成为最佳拍档。罗隐为钱镠效力的20余年间,确实不辜负钱镠期望,用自己的如椽巨笔、铮铮谏言做了不少利于民生的事情(有些尽管和钱镠的施政初衷相左)。

因此,谦逊不是自掉身价,而是一种智慧。

钱元瓘顺利继承王位后,善抚将士,向学重文、尊贤渴士。他曾模仿唐代"集贤院"旧制和钱镠时期"握发殿"故事,设立"择能院"作为专门从事国家文献典藏、撰修的机构,兼有储备国家后备干部的职能,负责人皆以国中饱学大儒充任。国王如此重视礼贤下士,这在五代十国那种充斥着兵戈扰攘的氛围中也是极为罕见的。

不仅如此,钱元瓘对兄弟手足也有着很深的感情。在记载吴越国钱氏王族传世诗歌相对权威、全面的《全唐诗续补遗》中,收录了钱元瓘的两首诗歌,有一首就是钱元瓘表现兄弟之情的小诗《送别十七哥》:"大伯东阳轸旧思,士民襦裤喜回时。登临若起鸰原念,八咏楼中寄小诗。""轸旧思",指的是对儿时时光的辗转思念;"鸰原念",意指兄弟间的想念。

因此,谦逊不是儿女情长,而是一种温情。

后晋天福六年(941),钱元瓘在一场宫廷火灾中受到惊吓,患上癫狂之症,又因世子钱弘僔早夭伤心过度而去世,遗命以14岁的第六子钱弘佐继位,是为忠献王。钱弘佐虽然年轻,但持封建大一统政治立场的北宋史学家在编修《旧五代史》时,还是对这位"割据政权"的少年之主给予了很高评价:"(弘)佐幼好学,性温恭,能为五七言诗,凡官属遇雪月佳景,必同宴赏,由此士人归心。"《十国春秋》记载钱弘佐登位不久,即"命田园有隶道宫佛寺比入赋税者,悉免之",其呵护爱民之情、不与民争利之心如此。

《全唐诗续补遗》中也收录了钱弘佐的一首感念兄弟之情的诗《佳辰小宴寄越州七弟、湖州八弟》:"角黍佳辰社稷宁,灵和开宴乐群英。樽前只少鸰原会,百里江城隔二城。""樽前只少鸰原会"意思就是在宴会上不能和兄弟觥筹交错，实乃憾事。因此，当我们读着"樽前只少鸰原会，百里江城隔二城"这句诗时，是不是感到有那首《九月九日忆山东兄弟》中"遥知兄弟登高处，遍插茱萸少一人"的意境？

因此，谦逊不是风花雪月，而是一种想念。

《十国春秋》中称赞钱弘俶："性谦和，未尝忤物。"这从钱弘俶对待让他继承吴越国王之位的态度上即可看出：本来，钱弘俶是没有资格继承王位的，只因发生"胡进思之变"，兄长忠逊王钱弘倧被废，钱弘俶才被请出来登位。

对此，钱弘俶先是谦让再三，将士们说："太尉（指钱弘俶，其曾被封为检校太尉）素有德望。"跪拜称贺。最后他推让不过，不得已便任镇海、镇东军节度使，并于后汉乾祐元年（948）正月正式即位。不过与此同时，他也并未忘记他的哥哥钱弘倧。他先将钱弘倧迁往老家安国（今杭州市临安区），后又安置于越州（今绍兴），且对哥哥极为礼遇，赏赐不断，又千方百计保证其人身安全。这件事情，一直为后来史家及吴越钱氏后裔们所津津乐道。要知道，五代时期多国（后梁、马楚、王闽等）皆因兄弟阋墙、手足相残而国破家亡，因此钱弘俶"兄弟相同、上下和睦"，更能凸显其难能可贵和历史意义。

公元956年，钱弘俶奉后周诏命，出兵策应进攻宿敌南唐。不久，杭州又发生大火，烧至内城，钱弘俶为此避居城外数日。吴越国府库积蓄损失殆尽，国家财政一度极为困难，但即便如此，还是秉承遗训"凡中国之君，虽易异姓，宜善事之"（《武肃王遗训》），对后周恪尽臣礼，按时贡奉。后周褒奖其恭顺，特封钱弘俶为崇仁昭德宣忠保庆扶天诩亮功臣。

之后，钱弘俶又多次赶赴北宋都城汴京朝觐宋朝皇帝以表恭顺臣服之心。第一次进京，得到时任宋帝宋太祖赵匡胤"誓不杀钱王"之诺；最后一次进京，则毅然以吴越国苍生为念，加之祖父钱镠"要度德量力而识时务，如遇真主，宜速归附"（《武肃王遗训》）的遗训感召，将1军、13州之地，合计86县、550680户人口、115036员兵士献与北宋王朝，由此在中国古代和平统一史上写下光辉一页。宋太宗赵光义封钱弘俶为淮海国王，其余诸子亦均有册封，授原吴越国宰相以下2500余人官职。钱弘俶以放弃自身荣誉地位的代价，保证了一方百姓免遭战火荼毒，更保全了吴越钱氏旺势不衰。北宋时编纂《百家姓》，钱氏荣列第二，仅次于宋代国姓"赵"姓，自在情理之中。

因此，谦逊不是卑躬妥协，而是一种责任。

说到谦逊，有一首叫《六尺巷》的诗颇为知名："万里家书只为墙，让人三尺又何妨。万里长城今犹在，不见当年秦始皇。"说的是清康熙年间有一个叫张英的文华殿大学士兼礼部尚书，因为远在安徽桐城的老家人不肯和邻居互让三尺地基来信求"摆平"而哭笑不得，于是提笔写下了这首诗，写出了趾高气扬、不知谦逊的愚蠢。我们今天再来读吴越钱氏家族的三份家风瑰宝——《武肃王八训》《武肃王遗训》和《钱氏家训》，虽然有的可能是经过后人根据钱镠生前言行、事迹活动整理提炼的，但透露出的核心思想是一致的，那就是"谦"。如《钱氏家训》中的"心术不可得罪于天地，言行皆当无愧于圣贤"，说的就是这个意思。谦逊驶得万年船，钱镠和吴越钱氏家族无疑给世人展现了一个瓜瓞绵绵家族旺的经典范例。

解　读

钱镠和身后诸位钱王的机敏睿智，表现为在大事上不糊涂，同时能谦逊示人、审时度势，有惊人的判断力。

◎第八讲　贤淑谨慎：吴越国的王后们

谈到吴越国，一般人会以为这里面都是男人的天下，无论是善事中原、保境安民，还是开疆拓土、镇守边关，没有女人们什么事。但是在"化家为国"的封建社会，家风和国风紧密相连，吴越国也不例外。吴越国只辖一军十三州之地，国小力弱，却成为同时代最稳定和富庶的一个。因此，谈吴越国的成功，不能不谈钱氏家风；谈钱氏家风，就必定要了解历代钱王背后的那些贤妻良母们。

首先我们先来看钱镠庄穆夫人吴氏，临安人，她小钱镠6岁。据史料记载，当时吴家人以钱镠不事生产为由，一度打算回绝这门婚事，唯有吴氏的伯父认为钱镠为人豁达大度，日后终将成大器，因而对婚事一锤定音。吴氏嫁入钱镠家后，对公公钱宽、婆婆水丘氏恪尽孝道。钱镠毕竟是武人出身，性格不免严急，吴氏常和声劝慰，教育子女们也很得当。吴氏曾受封燕国夫人、晋国夫人，后又封吴越国正德夫人。《十国春秋》上说她一生共育有子女13人，其中儿子5人。

吴越国官方在历史上，一向以"崇佛"著称。吴氏常游历寺庙。身为一国之主，钱镠命吴氏随行人员携带布帛以备布施，这既是佛教恩泽广布的需要，也是古代君主爱民如子的体现（虽然有时候可能只是点缀）。而她却回答："妾备尝机杼之劳，遽以游赏靡费，非恤民之道。"意思是，我也曾备尝丝麻织作之劳，若外出游玩就随意赠送，这不是体恤民间疾苦的方法啊！

这里有必要说明，临安民间盛传的"戴氏夫人"和"陌上花开"的典故，在《十国春秋》《吴越备史》中是列入这位庄穆夫人吴氏传记下的，而且两人都是临安人，"戴氏"其人反不见诸记载。截至目前，因尚无文物发现和其他文献能够佐证，所以这一典故的女方主人公到底为谁，在此姑且不论。但若确如文献所言，"陌上花开"是钱镠和吴氏之间的爱情佳话，那么这则故事又多一份"妻贤万事兴"的内涵。相信当钱镠写下"陌上花开，可缓缓归矣"这9个字时，眼前一定浮现出这位默默为国远谋的发妻形象。

再看文穆王钱元瓘之妻恭穆夫人马氏，这位儿媳也是临安人，而且是钱镠在戎马倥偬之余慧眼相中的。其父马绰是钱镠的老部下，后来娶钱镠之妹。于是钱镠就为自己的第七子钱元瓘娶马氏，结成姻亲之好。不过，钱镠对子女和妻族的管教之严同样是很有名的，比如禁止诸公子蓄养歌姬，就是钱镠所立"宫训"中的一条。

但是不久，钱镠发现马氏不能生育，以至于将来的王位继承人、儿子钱元瓘年届40仍没有亲生儿子，不得已只能领养了4个养子。马氏的父亲是吴越国一代名将，对钱镠亦忠心耿耿，而禁止纳妾也是自己下的铁律，总不能既勒令钱元瓘"休妻"，又破了自己立下的规矩吧！这样无异于自打耳光。钱镠虽然不说，但是隔代继承人的问题，无疑成为当时萦绕在他脑海中的头等大事，急于找到破局的办法。

所幸的是，想必马氏夫人通晓"妻贤夫祸少"的道理，便主动奏请公公钱镠，要求为钱元瓘纳妾，钱镠高兴地说："我家宗祀，幸得汝主矣！"于是破例让钱元瓘纳妾，钱元瓘遂有鄜氏生钱弘傅、钱弘倧，许新月生钱弘佐，吴汉月生钱弘俶，其他妾生有钱弘偡、钱弘偓、钱弘仰、钱弘信等诸子。马氏作为元妃，将这些孩子视如己出，姿态不可谓不高。从这个意义上说，她是为保障吴越国王位合法、有序、合理传承的一位有功之臣。

最后我们来看钱元瓘恭懿夫人吴氏。关于这位吴氏，和钱镠那位"庄穆夫人吴氏"不同，《资治通鉴》《十国春秋》《吴越备史》等史书上记载了她的名字，叫"吴汉月"，杭州人，是钱弘俶的生母。吴汉月自幼为年长其23岁的恭穆夫人马氏所喜爱，善于鼓琴，性慈惠而节俭，崇尚黄老之学。

有分析认为，钱元瓘是各方面最像钱镠的一位君主，因为他从小跟着父亲南征北战，具有出色的军事作战、指挥才能，也是钱镠身后四位钱王中唯一凭借战功胜出的。他即位后，起初或不乏严刑峻法之事，但只要事情被吴汉月听说，后者都会恳劝夫君宽恕减刑，以德治国。因此，我们看到钱元瓘执政中期的治国风格和早期是不一样的，即变得和缓、平顺。不仅如此，吴汉月还经常阻止钱元瓘为自己娘家人授官。照理说，"皇亲国戚"当官不是很正常吗？但是吴汉月还真不这样认为。对通过正规流程已担任官职的娘家人,她当面看到时也都很严厉,因此就更谈不上利用自己的地位为族人牟取利益。

公元 949 年,刚当上吴越国王两年的儿子钱弘俶封母亲吴汉月为吴越国顺德太夫人。3 年后,吴汉月去世,钱弘俶为母亲上谥号"恭懿",将其葬于杭州慈云岭西原,后又建报恩元教寺以祈福,铸铜质大象两头,入奉国、金地两座尼姑庵供养,以明孝志。

钱元瓘之妃吴汉月以阻止夫君为娘家人授官的做法来达到家风正、民风淳、政风清的目的,在讲究"封妻荫子"的封建社会,也许有一定偶然性。但有着这样一位"贤内助"的督促,相信钱元瓘在治国实践中也一定会把公开的事公开办,将一碗水端平。而历史事实证明也确实如此。

从吴越国走出来的"贤妻""贤后"还有很多,比如钱弘俶的元妃孙太真,她自幼喜欢读书,通《毛诗》《鲁论》。平日里生活节俭,除重要宴会外,皆不粉饰盛装。北宋诏吴越国伐南唐期间,钱弘俶亲自带兵出征攻南唐常州,留守杭州的孙太真经常亲自慰问出征将帅、士卒的家属,以至于外界经常将她的话当作钱弘俶本人的意思来看待。

今天我们立规严管"家族腐败",反腐利剑直指官员"身边人",尤其是妻小,将廉洁齐家,自觉带头树立良好家风作为这项工作的重要内容。1000 年前吴越国的这一段历史,当为今天我们廉政教育的重要参照借鉴。

解　读

　　吴越国多出贤后，更无外戚干政现象发生，这是区别于同时代其他各国的一个显著特点。她们有担当、有政绩，处事理性，刚柔并济，让人看到心系天下的可贵之处，她们都是值得肯定的古代女性政治家。

附　录

1. 钱镠、钱元瓘、钱弘俶（部分）诸子一览表（含钱镠同父同母兄弟表）

表 1　钱镠诸子

姓名	辈分	生卒年代
钱元琏	长子	877—894
钱元玑	第二子	877—910
钱元瑛	第三子	878—913
钱元璙	第四子	880—约933，一作910
钱元懿	第五子	886—951
钱元璙	第六子	887—942
钱元瓘	第七子	887—941
钱元瑾	第八子	887—924
钱元球	第九子	888—937
钱元瑾	第十一子	889—？
钱元珣	第十二子	889—937
钱元璛	第十四子	890—约921
钱元璟	第十五子	891—？
钱元祐	第十七子	893—？
钱元弼	第十八子	894—？
钱元玩	第十九子	898—？
钱元琳	第二十三子	899—？
钱元瓒	第二十五子	925—？

表2　钱元瓘诸子

姓名	辈分	生卒年代
钱弘僎	养子(名义上的长子)	?—940
钱弘儇	养子(名义上的第二子)	913—966
钱弘侑	养子(名义上的第三子)	?—945
钱弘侒	养子(名义上的第四子)	912—?
钱弘傅	第五子(事实上的长子)	927—940
钱弘佐	第六子	928—947
钱弘倧	第七子	928—971
钱弘偡	第八子	929—966
钱弘俶	第九子	929—988
钱弘亿	第十子	929—967
钱弘仪	第十一子	932—979
钱弘偓	第十二子	934—958
钱弘仰	第十三子	935—958
钱　俨	第十四子	937—1003

表3　钱弘俶诸子

姓名	辈分	生卒年代
钱惟治	养子(原钱弘倧子)	949—1014
钱惟濬	长子	955—991
钱惟渲	第五子	969,一作964—1042
钱惟演	第七子	977—1034
钱惟济	第八子	978—1032

表 4　钱镠同父同母诸弟①

姓名	辈分	生卒年代
钱　镮	二弟	不详
钱　镖	三弟	不详
钱　铎	四弟	不详
钱　铧	幼弟	891，一作 893—945

---

①　钱镠堂弟(从弟)还有钱镒、钱铼、钱镇、钱锯等。

2.《武肃王八训》《武肃王遗训》《钱氏家训》原文

武肃王八训

一曰：吾祖自晋朝过江已经二十一代，承京公枝叶居住安国。吾七岁修文，十七习武，二十一上入军。江南多事，溪洞猖獗，训练义师助州县平溪洞。寻佐陇西镇临石镜，又值黄巢大寇奔冲，日夜领兵，七十来战，固守安国、余杭、於潜等县，免被焚烧。

自后辅佐杭州郡守，为十三部指挥使。值刘汉宏谶起金刀，拟兴东土。此时挂甲七年，身经百载，方定东瓯。初领郡印，寻加廉察。又值刘浩作乱于京口，将兵收服，即绾浙西节旄。

又值陇西僭号，诏敕兴兵，三年收复罗平。蒙大唐双授两浙节制，加封郡王。

自是恭奉化条，匡扶九帝，家传衣锦，立戟私门。梁室受禅，三帝加爵，封锡国号。后唐兴霸，重封国号。玉册金符专降，使臣宣扬帝道。受非常之叨忝，播今古之嘉名。自固封疆，勤修贡奉。

吾五十年理政钱塘，无一日耽于三惑。孜孜矻矻，皆为万姓。三军子父，土客之军，并是一家之体。

二曰：自吾主军，六十年来，见天下多少兴亡成败。孝于家者十无一二，忠于国者百无一人。予志佐九州，誓匡王室。依吾法则，世代可受光荣。如违吾理，一朝兴亡不定。

三曰：吾见江西钟氏，养子不睦，自相图谋。亡败其家，星分瓦解。又见河中王氏、幽州刘氏，皆兄弟不顺不从，自相鱼肉，构讼破家，子孙遂皆绝种。又见襄州赵氏、鄂州杜氏、青州王氏，皆被小人斗绘，尽丧家门。

汝等兄弟或分守节制，或连缩郡符，五升国号，一领蕃节。汝等各立台衙，并存功。古人云：妻子如衣服，衣服破而更新；兄弟如手足，手足断而难续。汝等恭承王法，莫纵骄奢，兄弟相同上下和睦。

四曰：为婚姻须择门户，不得将骨肉流落他乡，及与小下之家，污辱门风。所娶之家，亦须拣择门阀。宗国旧亲，是吾乡县人物，粗知礼义，便可为亲。若他处人，必不合祖宗之望。

五曰：莫欺孤幼，莫损平民，莫信谗人，莫听妇言。

六曰：两国管内，绫绢绸绵等贱，盖谓吾广种桑麻。斗米十文，盖谓吾遍开荒亩。莫广爱资财，莫贪人钱物。教人勤耕种，岁岁自得丰盈。

七曰：吾家门世代居衣锦之城郭，守高祖之松楸。今日兴隆，化家为国，子孙后代，莫轻弃吾祖先。

八曰：吾立名之后，须子孙绍续家风，宣明礼教。子孙若有不忠、不孝、不仁、不义，便是破家灭门，千叮咛万嘱，慎勿违训。

武肃王遗训

余自束发以来，少贫苦，肩贩负米以养亲，稍有余暇，温理春秋，兼读武经。十七而习兵法，二十一投军。适黄巢叛，四方豪杰并起，唐室之衰微，皆由文官爱钱，武将惜命，托言讨贼，空言复仇，而于国计民生，全无实济。

余世沐唐恩，目击人情乖忤，心忧时事艰危，变报络绎，社稷将倾。余于二十四得功，由石镜镇百总枕甲提戈，一心杀贼，每战必克。大江以内，十四州军悉为保障。故由副使迁至国王，垂五十余年，身经数百战。其间叛贼诛而神人快，国宪立而忠义彰。无如天方降祸，霸主频生，余固心存唐室，惟以顺天而不敢违者，实恐生民涂炭。因负不臣之名，而恭顺新朝，此余之隐痛也。

尔等现居高官厚禄，宜作忠臣孝子，做一出人头地事，可寿山河，可光俎豆，则虽死犹生。倘图眼前富贵，一味骄奢淫逸，死后荒烟蔓草，过丘墟而不知谁者，则浮生若梦矣。十四州百姓系吴越之根本，圣人有言：敬事而信，节用而爱人，使民以时。又云：恭则不侮，宽则得众，信则民任焉。敏则有功，惠则足以使人。又云：省刑罚，薄税敛。又云：惟孝友于兄弟。此数章书，尔等少年所读，倘常存于心，时刻体会，则百姓安而兄弟睦，家道和而国治平矣。至元渊、元琛、元璠、元瓛、元勖、元禧，俱系幼稺，不特现在之饮食教训，均宜尔等加意友爱，即成人婚配，亦须尔等代余主持。

元璙（现有观点认为钱元璙约活到公元 933 年，即钱镠去世以后，至少到公元 917 年以后，有正史史料为证——编者注）、元瓘、元瑜等，中年逝世，遗子尚小，亦宜教养怜惜，视犹己子，毋分彼此。将吏士卒，期于宽严并济，举措得宜，则国家兴隆。余之化家为国，凤篆龙纶堆盈几案,实由敬上惜下,包含正气而能得此。每慨往代衰亡,皆由亲小人远贤人,居心傲慢,动止失宜之故。正所谓德薄而位尊,智小而谋大,未有不遭倾覆之患也。尔等各守郡符,须遵吾语。

余自主军以来,见天下多少兴亡成败,孝于亲者十无一二,忠于君者百无一人。是以:

第一,要尔等心存忠孝,爱兵恤民。

第二,凡中国之君,虽易异姓,宜善事之。

第三,要度德量力而识时务,如遇真主,宜速归附。圣人云:顺天者存。又云:民为贵,社稷次之。免动干戈,即所以爱民也。如违吾语,立见消亡。依我训言,世代可受光荣。

第四,余理政钱唐五十余年如一日,孜孜兀兀,视万姓三军,并是一家之体。

第五,戒听妇言而伤骨肉。古云:妻妾如衣服,兄弟如手足,衣服破犹可新,手足断难再续。

第六,婚姻须择阀阅之家,不可图色美,而与下贱人结褵,以致污辱门风。

第七,多设养济院,收养无告四民,添设育婴堂,稽察乳媪。勿致阳奉阴违,凌虐幼孩。

第八,吴越境内,绫绢绸绵,皆余教人广种桑麻。斗米十文,亦余教人开辟荒亩。凡此一丝一粒,皆民人汗积辛勤,才得岁岁丰盈。汝等莫爱财,无厌征收,毋图安乐逸豫,毋恃势力而作威,毋得罪于群臣百姓。

第九,吾家世代居衣锦之城郭,守高祖之松楸,今日兴隆,化家为国,子孙后代,莫轻弃吾祖先。

第十,吾立名之后,在子孙绍续家风,宣明礼教,此长享富贵之法也。

倘有子孙不忠、不孝、不仁、不义,便是坏我家风,须当鸣鼓而攻。千叮万嘱,慎体吾意,尔等勉旃,毋负吾训。

钱氏家训

个人

心术不可得罪于天地,言行皆当无愧于圣贤。曾子之三省勿忘,程子之中箴宜佩。持躬不可不谨严,临财不可不廉介。处事不可不决断,存心不可不宽厚。尽前行者地步窄,向后看者眼界宽。花繁柳密处拨得开,方见手段。风狂雨骤时立得定,才是脚跟。能改过则天地不怒,能安分则鬼神无权。读经传则根柢深,看史鉴则议论伟。能文章则称述多,蓄道德则福报厚。

家庭

欲造优美之家庭,须立良好之规则。内外六闾整洁,尊卑次序谨严。父母伯叔孝敬欢愉,妯娌弟兄和睦友爱。祖宗虽远,祭祀宜诚。子孙虽愚,诗书须读。娶媳求淑女,勿计妆奁。嫁女择佳婿,勿慕富贵。家富提携宗族,置义塾与公田,岁饥赈济亲朋,筹仁浆与义粟。勤俭为本，自必丰亨。忠厚传家，乃能长久。

社会

信交朋友，惠普乡邻。恤寡矜孤，敬老怀幼。救灾周急，排难解纷。修桥路以利从行，造河船以济众渡。兴启蒙之义塾，设积谷之社仓。私见尽要铲除，公益概行提倡。不见利而起谋，不见才而生嫉。小人固当远，断不可显为仇敌。君子固当亲，亦不可曲为附和。

国家

执法如山，守身如玉，爱民如子，去蠹如仇。严以驭役，宽以恤民。官肯着意一分，民受十分之惠。上能吃苦一点，民沾万点之恩。利在一身勿谋也，利在天下者必谋之。利在一时固谋也，利在万世者更谋之。大智兴邦，不过集众思。大愚误国，只为好自用。聪明睿智，守之以愚。功被天下，守之以让。勇力振世，守之以怯。富有四海，守之以谦。庙堂之上，以养正气为先。海宇之内，以养元气为本。务本节用则国富，进贤使能则国强。兴学育才则国盛，交邻有道则国安。

3. 重要奏疏、诏书、碑记原文①

钱镠劝董昌仍守臣节书

杭州节度使、开国公钱镠,致书于威胜军董节度、陇西郡王麾下。窃镠与节度同起布衣,均膺组绶。既受皇家厚禄,宜尽臣下之微忱。《诗》曰:"大邦维翰。"《书》曰:"以藩王室,惟屏惟翰。"正我辈报国之职也。方今天子宽仁,在廷忠恕。我辈御巢微劳,伐宏可录。过蒙拔擢,位至公王,敢难胜任,愧无以酬。何期麾下壮志未满,别有所图。始则阴谋微露,疑信相参。今则僭号俨加,神入共忿。镠与节度生同里,起同时,又有寅恭之谊、相好之情,心有不忍,谊难缄默。敬奉一言以劝曰:与其闭门作天子,使九族百姓受涂炭,不如开门为节度,俾子孙富贵无忧。祸福去取,惟节度裁之。如以镠言为然,及早悔改,仍尽臣节,尚可及矣。谨劝。乾宁二年二月二十三日,钱镠顿首。

钱镠奏请出师讨董昌表

谨奏为逆情愿著,请师讨贼,臣父病故,循例乞休事。窃念臣于乾宁二年乙卯岁二月,屡得东来塘报,皆言昌有异志。水则广调

---

① 除《有美堂记》《表忠观记》外,本节附录原文皆引自钱文选《钱氏家乘》。

雄师，陆则分布精锐，越之东南，悉为昌霸，臣始疑信相参。当一面驰书勉其仍守臣节，一面拨将防守西陵，一面据闻奏明各在案。兹闻董昌大有悔心，并言待罪于天子，而其妖人应智等，谋心为泯，拥昌为尊，改僭帝制，国号罗平，建元顺天。初传始信，人臣骇震。今则僭号妄加，神人共愤。臣受圣恩，如同高厚，本应疾趋西陵，督师往讨，奈臣父于本年四月十八日病故，理应乞休守制，用再据实奏明。伏乞速发讨贼之师，悬上爵以待有功，假便宜而收成效。搜罗天下忠义之士，庶使行间猛将劲卒，有所激励。则贼寇除而民心安，圣主康而社稷固矣。臣已丁艰，不应与闻军政，然贼一日不灭，小民一日不宁，贼寇一日不除，臣心一刻不安。故不敢不布愚昧之忱，以冀国泰民安之意。臣于苦次之余，意乱心迷，语无伦次，临奏涕泣，不知所云。谨奏。乾宁二年六月。

乾宁四年唐昭宗赐钱镠金书铁券原文

维乾宁四年，岁次丁巳，八月甲辰朔四日丁未。皇帝若曰：咨尔镇海、镇东等军节度、浙江东西等道观察处置营田招讨等使兼两浙盐铁制置发运等使、开府仪同三司、检校太尉兼中书令、使持节润越等州刺史、上柱国、彭城郡王、食邑五千户、实封一百户钱镠：朕闻铭邓骘之勋，言垂汉典；载孔悝之德，事美鲁经。则知褒德策勋，古今一致。顷者，董昌僭伪，为昏镜水，狂谋恶迹，渐染齐人，尔能披攘凶渠，荡定江表。忠以卫社稷，惠以福生灵。其机也氛祲清,其化也疲羸泰。拯于粤于涂炭之上,师无私焉。保余杭于金汤之固,政有经矣。志奖王室,绩冠侯藩,溢于旂常,流在丹素。虽钟繇刊五熟之釜,窦宪勒燕然之山,未足显功,抑有异数。是用锡其金版,申以誓辞。长河有似带之期,泰华有如拳之日。惟我念功之旨,永将延祚子孙。使卿长袭宠荣,克保富贵。卿恕九死,子孙三死,或犯常刑,有司不得加责。承我信誓,往惟钦哉!宜付史馆,颁示天下。

钱镠谢赐铁券表

恩旨赐臣金书铁券一道,恕臣九死,子孙三死,出于睿眷,形此纶言。录臣以丝发之劳,锡臣以山河之誓。镌作金字,指日成文,震动神祇,飞扬肝胆。伏念臣微从筮仕,逮及秉麾,每日揣量,是何叨忝。所以行如履薄,动若持盈,惟忧福过祸生,敢望慎终护末,岂期此志上感宸聪。忧臣以处极多危,虑臣以防微不至,遂开圣泽,永保私门。勖以功名,申诸带砺,虽君亲属念,皆云必恕必容。而臣子为心,岂敢伤慈伤爱,谨当日慎一日,戒子戒孙,不敢因此而累恩,不敢乘此而贾祸。圣主万岁,愚臣一心,臣镠诚惶诚恐稽首顿首。

钱镠筑塘疏

为筑塘御潮,请复古基,以卫民生事。窃惟江之水源,自衢、婆、睦等州各道汇入富春奔腾而入,潮汐由杭州之盐官、秀州①之海盐,各路汇入鳖子门而入。每昼夜两次冲击,岸渐成江。近年以来,江大地窄。溯自唐贞观以前,居民修筑,不费官帑,塘堤不固,易于崩坍。迨后兵革顿兴,民亦屡迁,遂废修塘之功。海飓大作,怒涛掀簸,堤岸冲啮殆尽。自秦望山东南十八堡,数千万亩田地,悉成江面。民不堪命,群诉于臣。臣目击平原沃野,尽成江水汪洋,虽值干戈扰攘之后,即兴筑塘修堤之举。春秋时,白圭筑堤,壅于邻国,孟子讥以为仁人所恶。臣今按神禹之古迹,考前人之治堤,其水仍导入海,不伤邻界,则土地复而邻无患,塘之不可不筑一也。况民为社稷之本,土为百物所生。圣人云:有土斯有财。塘之不可不筑二也。经始于开平四年八月,竣事于是年十月,功成计费十万九千四百四十缗,堤长三十三万八千五百九十三丈以御江涛,外加土塘,内筑石堤,不辞鞭石畚土之劳,以图经久乐利之计,塘之不可不筑三也。况风气所凝,人材所聚。昔之汪洋浩荡,今成沃壤平原。东南水土长生,亦可以储精气之美、人文之盛。今则征科有据,常赋无亏,岁获屡登,民亦奠业。臣非敢沽名以邀斯民之戴德,实不忍以沃壤之区,投之江汉耳。兹塘已筑,将见安澜永庆、海晏河清矣。谨将筑塘缘由,据实奏明。伏维睿鉴谨奏。开平四年十月。

---

　　①　历史学界一般认为,秀州是后晋天福三年(938,一说天福四年,即公元939年),由钱元瓘从苏州析出新设,此时距钱镠去世已数年。此奏疏出自《钱氏家乘·卷八·遗文》,或经钱氏后人整理。又据陶存焕《"武肃王筑塘疏"真伪探讨》(《浙江水利志通讯》1990年第1期),认为《钱镠筑塘疏》为清代人假托钱镠名义的作品。

后唐明宗赐钱镠谥诏

诏曰：天下兵马大元帅、尚父、尚书令、吴越国王钱镠，本朝元老，当代勋贤。位已极于人臣，名素高于简册。赠典既无其官爵，易名宜示其优崇。宜令所司，定谥曰武肃，仍以王礼葬。长兴三年壬辰夏四月十五日己巳。

黄妃塔碑记

敬天修德，人所当行。矧俶忝嗣丕图，承平之久，虽未致全盛，可不上体祖宗，师仰瞿昙氏兹忍力所沾溉耶。凡于万几之下，口不辍诵释之书，手不停披释氏之典者，差有深旨焉，诸宫监尊礼佛螺髻发，犹佛生存，不敢私秘宫禁中，恭率瑶具，创窣堵波于西湖之浒，以奉安之。规模宏丽，极所未见。宫监宏愿之始，以千尺十三层为率。爰以事力未充，姑从七级，梯旻初志，未满为歉。计砖灰土木油钱瓦石，与夫工艺像设金碧之严，通缗钱六百万。视会稽之天塔，所谓许元度者，出没人间凡三世，然后圆满愿心。宫监等合力于弹指顷，幻出瑶坊，信多宝如来分身应现，使之然耳，顾元度有所不逮。塔之成日，有镌华严诸经，围绕八面，真诚不思议，劫数大精进幢，于是合十指爪以赞叹之，塔曰"黄妃"云。吴越国王钱俶拜手。谨书于经之尾。

钱弘俶恭缴版图表

臣庆遇承平之运，远修肆觐之仪。宸眷弥隆，宠章皆极。斗筲之量，实觉满盈。丹赤之诚，辄兹披露。臣伏念祖宗以来，亲提义旅，尊戴中京，略有两浙之土田，讨平四方之僭逆。此际盖隔朝天之路，莫谐请吏之心。然而禀号令于阙廷，保封疆于边徼，世家承袭，已及百年。今者幸遇皇帝陛下，嗣守丕基，削平诸夏。凡在辐员之内，悉归舆地之图。独臣一邦，僻介江表，职贡虽陈于外府，版籍未归于有司。尚令吴越之民，犹隔陶唐之化。太阳委照，不及蔀家，春雷发声，尚未奋俗，则臣实使之然也，罪莫大焉，不胜战栗。愿以所部十三州献于陛下，颁纶有司，收其土地，闾里名数，别具条析以闻。伏望陛下念奕世之忠勤，查乃心之倾向，特降明诏，允兹至诚。谨奏。

宋太宗允纳土诏

诏曰：卿世济忠贞，志遵宪度。承百年之堂构，有千里之江山。自朕纂临，来修觐礼，睹文物之全盛，嘉书轨之混同。愿亲日月之光，遽忘江海之志。甲兵楼橹既悉上于有司，山川土田又尽献于天府。举宗孝顺，前代所无。书之简编，永彰忠烈，所请宜依。太平兴国三年五月六日。

有美堂记

欧阳修

　　嘉祐二年，龙图阁直学士（尚书），吏部郎中梅公，出守于杭。于其行也，天子宠之以诗。于是始作有美之堂。盖取赐诗之首章而名之，以为杭人之荣。然公之甚爱斯堂也，虽去而不忘。今年自金陵遣人走京师，命予志之。其请至六七而不倦，予乃为之言曰：夫举天下之至美与其乐，有不得兼焉者多矣。故穷山水登临之美者，必之乎宽闲之野、寂寞之乡，而后得焉。览人物之盛丽，跨都邑之雄富者，必据乎四达之冲、舟车之会，而后足焉。盖彼放心于物外，而此娱意于繁华，二者各有适焉。然其为乐，不得而兼也。今夫所谓罗浮、天台、衡岳、洞庭之广，三峡之险，号为东南奇伟秀绝者，乃皆在乎下州小邑，僻陋之邦。此幽潜之士，穷愁放逐之臣之所乐也。若四方之所聚，百货之所交，物盛人众，为一都会，而又能兼有山水之美，以资富贵之娱者，惟金陵、钱塘。然二邦皆僭窃于乱世。及圣宋受命，海内为一。金陵以后服见诛，今其江山虽在，而颓垣废址，荒烟野草，过而览者，莫不为之踌躇而凄怆。独钱塘，自五代始时，知尊中国，效臣顺及其亡也。顿首请命，不烦干戈。今其民幸富完安乐。又其俗习工巧。邑屋华丽，盖十余万家。环以湖山，左右映带。而闽商海贾，风帆浪舶，出入于江涛浩渺、烟云杳霭之间，可谓盛矣。而临是邦者，必皆朝廷公卿大臣。若天子之侍从，四方游士为之宾客。故喜占形胜，治亭榭。相与极游览之娱。然其于所取，有得于此者，必有遗于彼。独所谓有美堂者，山水登临之美，人物邑居之繁，一寓目而尽得之。盖钱塘兼有天下之美，而斯堂者，又尽得钱塘之美焉。宜乎公之甚爱而难忘也。梅公清慎，好学君子也。视其所好，可以知其人焉。四年八月丁亥，庐陵欧阳修记。

表忠观记[①]

苏　轼

熙宁十年十月戊子，资政殿大学士、右谏议大夫、知杭州军州事臣抃言："故吴越国王钱氏坟庙，及其父、祖、妃、夫人、子孙之坟，在钱塘者二十有六，在临安者十有一，皆芜废不治。父老过之，有流涕者。谨按，故武肃王镠，始以乡兵破走黄巢，名闻江淮。复以八都兵讨刘汉宏，并越州以奉董昌，而自居于杭。及昌以越叛，则诛昌而并越，尽有浙东西之地。传其子文穆王元瓘。至其孙忠献王弘佐，遂破李景兵，取福州。而弘佐之弟忠懿王俶，又大出兵攻景，以迎周世宗之师。其后卒以国入觐。三世五王，与五代相终始。天下大乱，豪杰蜂起。方是时，以数州之地盗名字者，不可胜数。既覆其族，延及于无辜之民，罔有孑遗。而吴越地方千里，带

---

　　①　本文由武汉大学教授钱治安校注，原文载于《南阳钱氏简报》第20期（总期第53期），2015年9月25日。

甲十万,铸山煮海,象犀珠玉之富,甲于天下。然终不失臣节,贡献相望于道。是以其民至于老死不识兵革,四时嬉游歌鼓之声相闻,至于今不废,其有德于斯民甚厚。皇宋受命,四方僭乱以次削平。而蜀、江南负其崄远,兵至城下,力屈势穷,然后束手。而河东刘氏,百战守死以抗王师,积骸为城,酾血为池,竭天下之力,仅乃克之。独吴越不待告命,封府库,籍郡县,请吏于朝。视去其国如去传舍,其有功于朝廷甚大。昔窦融以河西归汉,光武诏右扶风修理其父祖坟茔,祠以太牢。今钱氏功德,殆过于融,而未及百年,坟庙不治,行道伤嗟,甚非所以劝奖忠臣,慰答民心之义也。臣愿以龙山废佛祠曰妙因院者为观,使钱氏之孙为道士曰自然者居之。凡坟庙之在钱塘者,以付自然;其在临安者,以付其县之净土寺僧曰道微。岁各度其徒一人,使世掌之。籍其地之所入,以时修其祠宇,封殖其草木。有不治者,县令丞察之,甚者易其人。庶几永终不坠,以称朝廷待钱氏之意。臣扚昧死以闻。"制曰:"可。"其妙因院改赐名曰表忠观。

铭曰:

天目之山,苕水出焉。龙飞凤舞,萃于临安。笃生异人,绝类离群。奋梃大呼,从者如云。仰天誓江,月星晦蒙。强弩射潮,江海为东。杀宏诛昌,奄有吴越。金券玉册,虎符龙节。大城其居,包络山川。左江右湖,控引岛蛮。岁时归休,以燕父老。晔如神人,玉带球马。四十一年,寅畏小心。厥篚相望,大贝南金。五朝昏乱,冈堪托国。三王相承,以待有德。既获所归,弗谋弗咨。先王之志,我维行之。天胙忠孝,世有爵邑。允文允武,子孙千亿。帝谓守臣,治其祠坟。毋俾樵牧,愧其后昆。龙山之阳,岿焉新宫。匪私于钱,惟以劝忠。非忠无君,非孝无亲。凡百有位,视此刻文。

朝奉郎、尚书祠部员外郎、直史馆、权知徐州军州事、骑都尉苏轼撰并书。

元丰元年八月甲寅。

4. 吴越国版图及主要形势

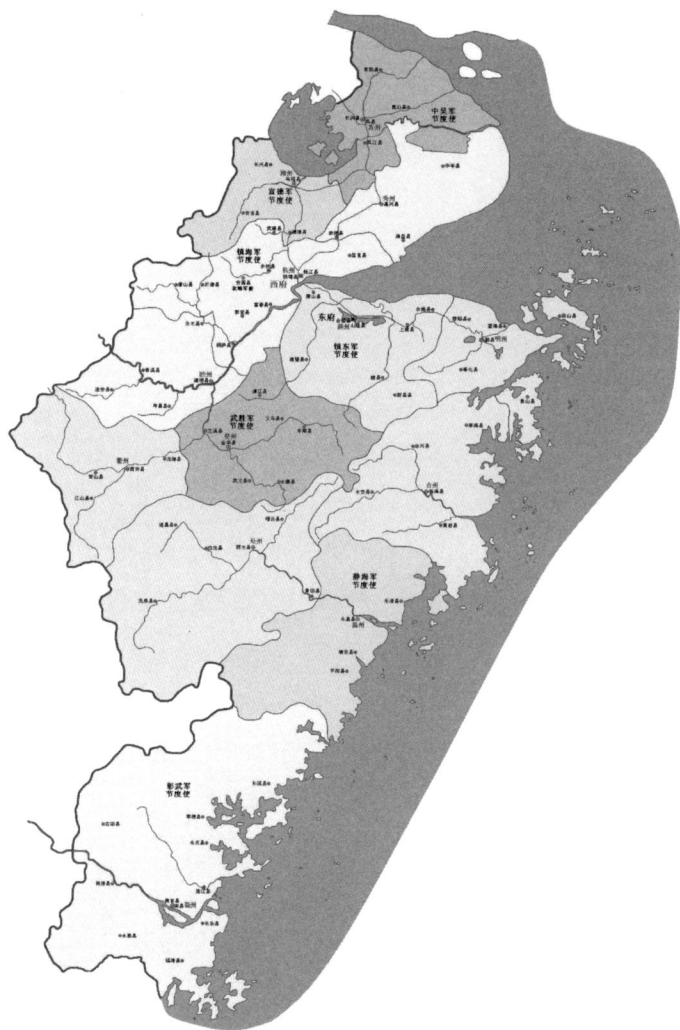

注：此图为公元 947 年之后吴越国版图。

五代十国时期中心区域图

图 例
- ◎ 都城
- ◉ 府、州级驻所
- ○ 其他居民点
- 政权部族界
- 今海岸
- 今国界

注：此图为晋天福八年（943）五代十国时期中心区域图。

5. 吴越国大事年表

庙号	谥号	姓名	在位年限
太祖	武肃王	钱镠	893—932 年
	唐咸通十三年（872）	钱镠从军。	
	唐乾符二年（875）	钱镠投同乡董昌麾下。	
	唐广明元年（880）	钱镠击退进攻临安的黄巢起义军；杭州各县建立"八都兵"，有 1 万余人，名义上奉临安都董昌为首领，钱镠为都指挥使。	
	唐中和元年（881）	因退黄巢兵之功，唐朝廷授董昌为杭州刺史，钱镠为杭州都知兵马使。	
	唐中和二年（882）	钱镠率"八都兵"，破反叛的浙东观察使刘汉宏。	
	唐光启二年（886）	钱镠杀刘汉宏，浙东之乱平定，"第一次杭越战争"结束；战后，董昌移镇越州（今绍兴），任越州观察使，钱镠暂行管理杭州之事。	
	唐光启三年（887）	唐朝廷授钱镠为杭州刺史，此为钱镠拥有独立主政区域之始；钱镠第七子钱元瓘出生，即后来的文穆王；著名诗人罗隐投钱镠，任钱塘（今属杭州）县令。	
	唐大顺元年（890）	钱镠在临安建安众营，并建杭州夹城（一种防御性的城寨）。	
	唐景福二年（893）	钱镠筑杭州罗城（外城）；唐朝廷授钱镠镇海军节度使，钱镠拥有杭州、睦州（今杭州建德、桐庐、淳安）、处州（今浙江丽水）等浙西诸州管辖权。	

庙号	谥号	姓名	在位年限
太祖	武肃王	钱镠	893—932 年
		唐乾宁二年 （895）	越州观察使董昌僭越称帝，国号"罗平"，改元"天册"，钱镠致信董昌，给予"与其闭门做天子，不如开门为节度"的劝诫，不成。不得已，奉唐朝廷之命发兵征讨；钱镠之父钱宽去世，时年 61 岁；钱镠恢复大涤山天柱观（位于今临安区青山湖街道）。
		唐乾宁三年 （896）	钱镠灭董昌集团，杀董昌（一说生擒，董昌投水自尽），"第二次杭越战争"结束；唐朝廷因功授钱镠镇海、镇东军节度使，钱镠势力延伸至明州（今浙江宁波）、越州、台州等浙东诸州。
		唐乾宁四年 （897）	唐昭宗赐钱镠"金书铁券"，恕钱镠九死，子孙三死。
		唐光化元年 （898）	唐朝廷赐号钱镠"定乱安国功臣"。
		唐光化二年 （899）	唐朝廷敕改临安石镜乡为广义乡，临水里为勋贵里，钱镠所筑众安营为衣锦营。
		唐光化三年 （900）	唐朝廷命钱镠绘制全身像，供奉于长安"二十四功臣"凌烟阁，以旌表其维护国家统一的功勋；钱镠葬其父钱宽于临安县锦北乡清风里之南原。
		唐天复元年 （901）	钱镠回临安，大宴父老；唐朝廷封石镜山为衣锦山、大官山为功臣山，敕升钱镠所居衣锦营为衣锦城；钱镠母亲水丘氏去世，时年 68 岁；因吴仁璧不肯从己，钱镠沉其于小东江（今曹娥江），酿成"吴仁璧事件"；淮南杨行密听闻钱镠已死，发兵杭州试图捞取实利，后淮南、吴越两军战于青山（今杭州市临安区青山湖街道），吴越兵败，史称"临安之战"。后两军和解，交换俘虏。

续　表

庙号	谥号	姓名	在位年限
太祖	武肃王	钱镠	893—932 年
	唐天复二年（902）		钱镠内卫部队"武勇都"发生哗变，是为"武勇都之变"，后钱镠通过联姻淮南杨行密集团，分化"武勇都"各部势力等手段，终平定叛乱；唐朝廷授钱镠"越王"。
	唐天祐元年（904）		唐朝廷封钱镠"吴王"；衢州刺史陈璋起兵叛乱，是为"陈璋之乱"。
	唐天祐二年（905）		钱镠在杭州建功臣堂；"陈璋之乱"平定。
	唐天祐四年（当年四月唐朝灭亡，后梁改元开平元年）（907）		唐朝廷敕升临安衣锦城为安国衣锦军；后梁授钱镠"吴越王"。
	后梁开平二年（908）		后梁敕改临安县为安国县，广义乡为衣锦乡；吴、吴越两国战于苏州，吴越军胜。
	后梁开平四年（910）		罗隐去世；钱镠筑杭州子城（中央官署、王宫所在地）；钱镠新建捍海石塘，并举行"射潮"仪式，以鼓舞筑塘军民士气；钱镠再次回临安，大宴父老，并作《巡衣锦军制还乡歌》流传后世。
	后梁乾化二年（912）		后梁尊钱镠为"尚父"；有方士建议钱镠填埋西湖以建王府，"可保千年国祚"，钱镠认为"无水即无民""无千年之国"，拒绝；钱镠原配顺德夫人戴氏卒。
	后梁乾化三年（913）		吴、吴越两国战于千秋岭（今杭州市临安区太阳镇千秋关一带），吴越军胜；同年，两国又战于今江苏常州，吴越军败。
	后梁贞明元年（915）		《钱氏大宗谱》成，钱镠自为之序；钱镠设都水营田使主管水利事业，建"撩浅军"疏浚西湖。

续　表

庙号	谥号	姓名	在位年限
太祖	武肃王	钱镠	893—932 年

后梁贞明三年 （917）	后梁授钱镠天下兵马都元帅。
后梁贞明四年 （918）	吴、吴越两国战于虔州（今江西赣州）、信州（今江西上饶），吴越军败。
后梁贞明五年 （919）	吴、吴越两国战于狼山江（位于今江苏南通一带），吴越军胜；同年，两军又战于无锡，吴越军败，两国遂形成长期对峙局面；吴越国庄穆夫人吴氏卒，有观点认为，"陌上花开"即钱镠写给吴氏之言。
后梁龙德三年 （923）	钱镠晋封吴越国王，后梁赐钱镠名马、玉带、香药等；钱镠将金昌县更名为昌化县，即今临安区两昌地区。
后唐同光二年 （924）	吴越国派使者出访日本。
后唐同光三年 （925）	吴越国派使者出访百济、新罗（均位于今朝鲜半岛）、渤海国（位于今我国东北、俄罗斯远东一带）。
后唐天成三年 （928）	钱元瓘第六子钱弘佐出生，即后来的忠献王；钱镠册立钱元瓘为继承人，后唐授钱元瓘为镇海、镇东军节度使。
后唐天成四年 （929）	钱元瓘第七子钱弘倧出生，即后来的忠逊王；钱元瓘第九子钱弘俶出生，即后来的忠懿王；后唐权臣安重诲，以钱镠在官方文书中言辞不恭为由，奏请后唐明宗李嗣源剥夺钱镠在身官爵，勒令钱镠以太师名义致仕（退休），后唐、吴越两国绝交，是为"安重诲事件"。
后唐长兴二年 （931）	后唐明宗杀安重诲，并恢复钱镠官爵，两国关系正常化。

续　表

庙号	谥号	姓名	在位年限
太祖	武肃王	钱镠	893—932 年
	后唐长兴三年（932）	钱镠去世，临终训诫子孙："子孙善事中国，勿以易姓废事大之礼。"后唐定钱镠谥曰"武肃"，明宗废朝七日以示哀悼。	

庙号	谥号	姓名	在位年限
世宗	文穆王	钱元瓘	932—941 年
	后唐长兴三年（932）	钱元瓘即位，以钱镠遗命去国仪、年号，用藩镇法；钱镠灵柩被运回安国衣锦军。	
	后唐长兴四年（933）	百济国派人来吴越国祭奠钱镠；苏州刺史钱元璙觐见钱元瓘，钱元瓘以家人礼待之。钱元瓘称："此兄之位也，而小子居之，兄之赐也。"钱元璙答："先王择贤而立之，君臣位定，元璙知忠顺而已。"此事成为佐证吴越钱氏家风厚实淳朴的经典事例。	
	后唐应顺元年（934）	钱元瓘葬钱镠于安国县衣锦乡茅山之原（今杭州市临安区锦城街道太庙山）；吴越国派使者出访日本。	
	后晋天福元年（936）	日本国左大臣藤原忠平致书吴越国王钱元瓘；后晋授钱元瓘天下兵马副元帅。	
	后晋天福二年（937）	钱元瓘晋封吴越国王；高丽派使者访问吴越国。	
	后晋天福四年（939）	后晋授钱元瓘天下兵马元帅；钱元瓘妻、吴越国夫人马氏卒，谥号恭穆，葬于衣锦军庆仙乡良山村（今杭州市临安区玲珑街道祥里村）。	
	后晋天福五年（940）	福建闽国内乱不止，钱元瓘出兵试图得利，是为"建州之战"，吴越军败绩；后晋授钱元瓘天下兵马都元帅。	

庙号	谥号	姓名	在位年限
世宗	文穆王	钱元瓘	932—941 年
	后晋天福六年（941）	吴越国王城发生大火,钱元瓘惊惧,又因世子弘傅早夭等打击,不久去世;后晋赠钱元瓘谥号"文穆",高祖石敬瑭为之废朝三日以示哀悼。	

庙号	谥号	姓名	在位年限
成宗	忠献王	钱弘佐	941—947 年
	后晋天福六年（941）	钱弘佐承钱元瓘遗命,为镇海、镇东军节度使;后晋授钱弘佐吴越国王;钱弘佐杀谋立钱元瓘养子钱弘侑(本名孙本)的吴越国权臣戴恽,恢复钱弘侑本名。	
	后晋天福七年（942）	钱弘佐葬钱元瓘于杭州龙山南原;钱镠第六子钱元璙去世,钱弘佐以王礼葬之于苏州横山。	
	后晋开运二年（945）	钱弘佐杀谋立新主的吴越国另一权臣阚璠,同时杀孙本(即钱弘侑)。此案连同公元 941 年杀戴恽一案,史称"戴阚之狱"。	
	后晋开运三年（946）	南唐灭闽国,闽国福州地区守将李仁达遣使吴越求救;钱弘佐发兵 3 万救福州,但告失败,南唐军队围困福州;钱弘佐欲铸铁钱以补国用,钱元瓘第十子钱弘亿以铁钱有"八害"谏之,钱弘佐认为言之有理,铁钱终未铸行。	
	后汉天福十二年（947）	日本国左大臣藤原实赖致书吴越国王钱弘佐;钱弘佐再次发兵,从海路驰援福州,登陆成功,和福州城内的李仁达夹击城外的南唐军队,南唐大败,从此福州为吴越国所有,仍命李仁达为守将,史称"第一次福州之战";战后未几,钱弘佐去世,后汉高祖刘知远赐谥号"忠献",为之废朝三日以示哀悼。	

庙号	谥号	姓名	在位年限
无	忠逊王	钱弘倧	947年(当年六月至十二月在位)
后汉天福十二年(947)			钱弘倧杀李仁达,福州彻底归附吴越国;钱弘倧与权臣胡进思矛盾激化,胡进思先发制人,于当年十二月三十日废钱弘倧并软禁之,对外佯称钱弘倧中风,并迎立钱弘倧之弟、钱元瓘第九子钱弘俶即位,史称"胡进思之变"。

庙号	谥号	姓名	在位年限
无	忠懿王	钱弘俶	948—978年
后汉乾祐元年(948)			钱弘俶正式即位,迁钱弘倧于衣锦军私第,并予以保护;后汉授钱弘俶诸道兵马都元帅。
后汉乾祐二年(949)			后汉授钱弘俶吴越国王。
后汉乾祐三年(950)			南唐、吴越两国战于福州,吴越军胜,是为"第二次福州之战",此战巩固了吴越国在福州的统治地位。
后周广顺元年(951)			后周授钱弘俶诸道兵马元帅;钱弘俶迁钱弘倧于越州并予以保护,岁时供馈甚厚。
后周广顺二年(952)			后周授钱弘俶天下兵马都元帅,赐"推诚保德安邦致理忠正功臣";吴越国实行"禁酒令",以节省全国粮食。
后周广顺三年(953)			日本国右大臣藤原师辅致书吴越国王钱弘俶;钱弘俶派人回访日本国。
后周显德二年(955)			钱弘俶嫡长子钱惟濬出生,被册立为世子;钱弘俶下令建造八万四千座金涂塔,部分流播至日本;胡进思卒,时年98岁。
后周显德三年(956)			后周世宗柴荣伐南唐,诏令吴越国出兵助战,钱弘俶依旨攻南唐常州,先胜后败,常州亦得而复失;南唐攻吴越国福州,吴越守军兵败。

续　表

庙号	谥号	姓名	在位年限
无	忠懿王	钱弘俶	948—978 年
	后周显德五年（958）		杭州发生大火，火势蔓延至王城，官府庐舍被烧殆尽；当年，吴越国向后周进贡各类财货、方物达六次之多。
	北宋建隆元年（960）		北宋授钱弘俶天下兵马大元帅。
	北宋开宝四年（971）		钱弘倧去世，时年 44 岁，钱弘俶以王礼将其葬于越州秦望山之原。
	北宋开宝七年（974）		宋太祖赵匡胤下诏攻南唐，要求吴越国配合夹击，授钱弘俶东南面招讨制置使。钱弘俶亲率 5 万军队，进攻南唐常州。南唐后主李煜写信给钱弘俶："今日无我，明日岂有君？"力陈唇亡齿寒之理。然钱弘俶将李煜信件交给北宋朝廷，以示恭顺。
	北宋开宝八年（975）		吴越军攻占南唐常州，同时与北宋军队合围南唐都城金陵（今江苏南京），城破，南唐灭亡，李煜出降；钱弘俶妃黄氏建塔于西湖之滨，号"黄妃塔"，即后来的雷峰塔。
	北宋开宝九年（当年十二月改元太平兴国元年）（976）		钱弘俶偕妻孙氏赴北宋都城汴京，首次朝觐宋太祖赵匡胤，得到赵匡胤"尽我一世，不杀钱王"的承诺。返归前，宋太祖赠钱弘俶一包裹，并要求钱弘俶途中观看。钱弘俶打开，发现都是北宋大臣要求扣留或杀掉自己的奏折。赵匡胤此举，客观上起到了坚定钱弘俶"纳土归宋"决心的效果。
	北宋太平兴国三年（978）		钱弘俶赴汴京朝觐宋帝，不想被宋太宗赵光义扣留。钱弘俶遂上表纳土，献 1 军、13 州之地，共有 86 县、550680 户人口、115036 员兵士于北宋朝廷。宋太宗封钱弘俶为淮海国王，世子钱惟濬为节度使兼侍中，其余诸子亦均有册封，授原吴越国宰相以下 2500 余人官职。至此，72 年的吴越国历史，宣告结束。

参考文献

［1］欧阳修.新五代史［M］.上海:汉语大词典出版社,2004.

［2］薛居正等.旧五代史［M］.上海:汉语大词典出版社,2004.

［3］欧阳修.新唐书［M］.上海:汉语大词典出版社,2004.

［4］薛居正等.旧唐书［M］.上海:汉语大词典出版社,2004.

［5］钱俨.吴越备史［M］.杭州:杭州出版社,2004.

［6］路振.九国志［M］.南京:江苏古籍出版社,1988.

［7］司马光.资治通鉴全译［M］.贵阳:贵州人民出版社,1994.

［8］吴任臣.十国春秋［M］.北京:中华书局,1983.

［9］何勇强.钱氏吴越国史论稿［M］.杭州:浙江大学出版社,2002.

［10］童养年.全唐诗续补遗［M］.北京:中华书局,1982.

［11］屠树勋.钱镠传［M］.杭州:浙江工商大学出版社,2013.

［12］朱晓东.物华天宝——吴越国出土文物精粹［M］.北京:文物出版社,2010.

［13］诸葛计,银玉珍.吴越史事编年［M］.杭州:浙江古籍出版社,1989.

［14］李最欣.钱氏吴越国文献和文学考论［M］.北京:中国社会科学出版社,2007.

后　记

　　这本以宣讲形式汇编而成的小书,是临安区社会科学界联合会成立 4 年多来正式出版的第一部作品,凝聚着临安社科联机关同志和有关专家学者的心血。在整理汇编过程中,我们尽量保持篇章体例的基本一致,并在每一讲最后都附上我们的解读。对读者来讲,翻开《读懂吴越国》将是一次颇有意义的阅读体验。

　　我们推出这本书,为的是让更多的读者能够了解吴越钱王文化的内容、内涵与特色,在领略优秀传统文化之美的过程中发现文化的真知、感悟生活的美好、洞悉历史的奥妙。读者从这本书中,可以发现它和其他不少同主题作品的表述方式有所不同,不仅是基于"持之有理,论之有据"的学术立场,而且对吴越国 72 年历史和钱镠等"三世五王"的认识解读、看法观点更是已经深入到了故事背后的意义,开始关注历史本身的咨政意义,关注社会生活的切实映照,关注我们这个伟大时代的进程与变迁,这也是我们开展吴越国钱王文化社科知识普及的初衷。

　　钱镠建立吴越国后,"钱塘富庶,由是盛于东南"。从 1992 年临安成立全国第一家钱镠研究会算起,吴越钱王文化研究在临安已经系统开展了 30 个年头,并带动全国各地有关学人投身这一领域。通过几代学人的不懈努力,"吴越国"不仅成为临安暨杭州地方优秀传统文化的代表性名片,更成为一项日益系统化的文化体系,正有越来越多的人愿意读,并努力试图"读懂"这一段历史,这些成绩的取得正是所有热心人士孜孜以求、喜闻乐见的。

在编写过程中,得到临安区有关专家学者的亲切关怀和指导,在此一并表示诚挚感谢。

本书的出版只是我们一次新的尝试和开始,临安区社科联将一路陪伴区内外地方历史文化研究者、爱好者同行,坚定不移地沿着推动吴越国钱王文化创造性转化、创新性发展的道路走下去。

由于时间仓促,本书在编写整理过程中难免存在疏漏和不足,期待广大读者能提出宝贵意见和建议,临安区社科联将努力带给大家优秀的理论作品,为"吴越名城、幸福临安"建设贡献智慧力量。

编 者

2022 年 3 月